KB030726

대통령

대통령

우리가 알아야할 대통령의 모든 것

초판 1쇄 발행 : 2017년 3월 22일

지은이 문희상
펴낸이 최재훈 이병구 | **펴낸곳** 도서출판 경계
편집 최재훈 문양효숙 이병구 | **기획** 이재연 김대업
표지 박대성 | **본문** 이병구
인쇄 상지사P&B 031)955-3636
용지 신승지류유통 02)2270-4900 이라이트 80g, 밍크지 120g, 랑데뷰 130g, 매직패브릭 220g
주소 서울시 마포구 동교로 129, 301-B호(서교동) | **전화** 02)3144-1313 | **팩스** 02)3144-0852
이메일 gyeonggyebooks@gmail.com

ISBN 978-89-969403- 4-0

* 잘못 만들어진 책은 구입처에서 바꿀 수 있습니다.
* 이 책에 실린 내용의 전부 또는 일부를 재사용하려면 도서출판 경계의 동의를 받아야 합니다.
* 책값은 뒤표지에 표시되어 있습니다.

이 도서의 국립중앙도서관 출판예정도서목록(CIP)은 서지정보유통지원시스템 홈페이지(http://seoji.nl.go.kr)와 국가자료공동목록시스템(http://www.nl.go.kr/kolisnet)에서 이용하실 수 있습니다. (CIP제어번호 : CIP2017006720)

대통령

우리가 알아야 할 대통령의 모든 것

문희상 지음

프롤로그

왜 대통령에 관해 알아야 하는가

"임금님? 응, 있기는 한데 누군지는 나도 잘 몰라. 임금도 우리한테 크게 간섭하는 거 없고, 우리도 먹고사는 데 아무 지장 없게만 해주면 별로 신경을 안 쓰니까. 예전 임금은 세금도 많이 거둬가고 툭하면 부역이다 뭐다 해서 들들 볶았는데, 이 임금은 그런 것도 없어. 허구한 날 쳐들어오던 오랑캐도 저번에 몽땅 쫓아내 주었으니, 요즘만 같으면 세상 걱정 없이 살 것 같네, 그려."

2,500년 전 중국의 춘추전국시대에 살았던 노자는 좋은 지도자란 무엇인지에 관해 네 가지 단계로 설명한 바 있다. 그는 최고의 지도자를 태상하지유지太上下知有之, 즉 백성을 편안하고 여유롭게 살 수 있도록 해줌으로써 그들이 자신의 존재가 있다는 정도만 알게 하는 사람이라 여겼다. 그다음으로는 사람들이 가까이 느끼고 칭찬하는親而譽之 지도자이고, 다음은 사람들이 두려워하는畏之 지도자, 가장 낮은 수준의 지도자는 사람들이 경멸하는侮之 지도자라는 것이었다. 여기에 노자는 "지도자에게 말과

행동이 일치하는 진실함이 부족하면 백성에게 신뢰를 얻지 못하니, 말을 삼가고 아껴야 한다. 훌륭한 지도자는 공을 이루어 일을 마쳐도 백성이 '모든 일이 저절로 그리되었다'고 말할 것이다"라고 덧붙인다.

> 太上下知有之, 其次親而譽之, 其次畏之, 其次侮之.
> 信不足焉, 有不信焉.
> 悠兮其貴言, 功成事遂, 百姓皆謂我自然. (『도덕경』 17장)

안타깝게도 최근에 우리는 국민에게 업신여김을 받는 가장 낮은 수준의 지도자를 경험했다. 우리의 지도자는 혼자서는 아무것도 하지 못하는 꼭두각시일 뿐 아니라 사적 이익을 위해 국정의 모든 부분을 마음대로 뒤흔들며 국가 시스템 자체를 붕괴시켰다. 이 참혹한 사태 앞에서 사람들은 때로 좌절하고 때로 분노하며 국가의 민낯을 속속들이 접하는 중이다. 지도자가 자신의 소임을 제대로 수행해서 국가가 제대로 돌아갔다면 굳이 몰라도 됐을 그 수많은 법률과 세부적인 시스템까지 하나하나 알아가고 있다. 노자가 말한 '신경 쓸 것이 없어 존재한다는 것 정도만 알 뿐인 지도자'는 먼 나라 이야기가 되어 버린 것이다.

노자가 설파한 이상적인 지도자상은 어느 시대에나 적용될 수 있는 가르침이긴 하지만, 그가 산 시대와 지금 우리 시대에는 결정적인 차이가 있다. 우리에게는 임금이 없다는 사실이다. 민주주의 사회는 권력을 시민 한 사람 한 사람이 골고루 나눠 가진 사회다. 헌법 1조 1항이 명시한 대로, 대한민국은 민주 공화국이며 대한민국의 주권은 국민에게 있고 모든 권력은 국민으로부터 나온다. 우리는 국가라는 공동체의 질서를 위해 우리가 가진 권력의 대리인을 선출하는 것이다. 따라서 그는 임금이 아니라 머슴이다.

선거는 유토피아로 이끌 구세주를 뽑는 게 아니라 집안 살림을 잘 다스릴 머슴을 뽑는 것이다. 머슴 하나를 잘 뽑으면 머슴 사회뿐 아니라 집안 전체가 평화로운 반면, 그가 일을 제대로 하지 못하면 집안 이곳저곳이 시끄럽고 문제가 발생하는 법이다. 게다가 우리가 뽑을 대통령은 머슴 중의 왕, '왕머슴'이다.

왕은 으뜸Top이요, 정상President을 가리킨다. 그리고 정상에 선 이에게는 가장 높은 곳에 올라선 자만이 가질 수 있는 특별한 시야란 게 있다. 편견 없는 안목이다. 우리가 산에 오를 때를 한번 떠올려보라. 아무리 땀 흘리며 올랐다 해도 중간 봉우리에서는 결코 볼 수 없는 부분이 있지만, 정상에서는 주변 전체를 한눈에 볼 수 있다. 반드시 정상에 올라야만 밑에서는 볼 수 없는 모든 것들을 내려다볼 수 있고, 앞뒤 바다로까지 시선을 뻗을 수 있다. 홀로 선 정상의 자리, 거기가 바로 우리가 뽑을 대통령이라는 '왕머슴'이 선 자리다.

이런 '왕머슴'을 제대로 뽑기 위해 주인은 머슴 사회가 어떻게 돌아가는지, 그 사회 내에서 '왕머슴'의 역할이 무엇인지를 먼저 파악해야 한다. 그래야 머슴에게 어떤 능력과 자질이 필요한지 알 수 있을뿐더러, '인상이 좋다'거나 '부모가 비명횡사했으니 불쌍하다'는 이유만으로 집안 살림을 대리할 '왕머슴'을 뽑게 되는 일이 없을 테니 말이다.

또한, 주인은 머슴이 일을 잘하는지 지켜보고 평가할 수 있어야 한다. 동네 떠돌아다니는 소문만 듣고 "우리 머슴이 일 하나는 똑 부러진 다네요"하고 생각하다가는 그 안일함에 큰코다치는 수가 있다. 머슴이 주인의 집안 살림을 몰래 빼돌려 자신의 배를 불리고 자신의 친구들에게까지 그 부를 나눠줬을 때, 그제야 "나는 그 사람이 그럴 줄은 꿈에도 몰랐다"고 땅을 치며 후회하는 주인이 되어서야 쓰겠는가.

우리는 요새 땅을 치며 후회하는 중이다. 이 얼마나 부끄럽고 안타까운 일인가. 한두 명도 아니고 4천만 명이 넘는 유권자가 자신의 대리인을 선출하면서 그가 어떤 사람이란 걸 알아보지 못했다는 이야기이니 말이다. 부끄러움이 파도처럼 밀려올지라도 피하지 말고 물어야 한다. 우리는 대체 어떤 머슴을 원했나. 그의 무엇을 보고 좋은 일꾼이라 여겼나. "나는 잘 몰랐어"라는 말이 "나는 이 상황에 대해 아무 책임이 없어"로 이어져서는 안 된다. 책임을 가진 자가 몰랐다고 한다면 그의 무지는 무책임과 회피다.

나는 1945년에 태어난 해방둥이다. 칠십 평생을 살아오는 동안 모두 네 차례의 '민주 항쟁'을 현장에서, 혹은 정치인으로서 몸소 경험했으니 가히 현대사의 산증인이라고도 하겠다. 그 출발점은 1960년에 일어난 4·19혁명이었다. 이승만 대통령을 이 나라의 어른이자 가장 존경할만한 위인으로만 여겼던 고등학교 1학년 나이의 나는 같은 학교 문예반 선배가 경찰이 쏜 총에 맞아 숨지고, 국민들이 들고 일어나 세상을 뒤집는 광경을 보면서 큰 충격을 받았다.

그리고 일 년 뒤, 이번엔 5·16쿠데타로 역사의 전면에 등장한 군인들이 총칼로 국민들의 열망을 철저히 뭉개고 짓밟는 광경을 고스란히 지켜봐야 했다. 불과 얼마 전까지만 해도 거리에서 목이 터져라 민주주의를 외치던 사람들은 자기 집 안방에서

조차 한껏 목소리를 낮추기 시작했고, 청년들은 연신 들이켜는 막걸리 한 사발로 자유에 대한 끓어오르는 갈증을 애써 삭여야 했다. 강물 흐르는 소리조차 왠지 음울하고 구슬프게 느껴지던 시절이었다. 물론 나 역시도 1964년 한일협정반대운동에 참여했다는 이유로 대학 졸업 후 아무것도 할 수 없는 신세가 되어 어쩔 수 없이 생업전선에 뛰어들어야 했고 말이다.

그러던 1979년 10월 26일, 내가 살아있는 동안은 언제까지나 대통령일 것만 같았던 박정희가 측근이 쏜 총에 맞아 숨지는 '사태'가 벌어졌다. 이듬해 시민들은 갑작스럽게 찾아온 봄날이 훌쩍 가버릴세라 거리로, 거리로 쏟아져 나왔고, 5월 15일 서울역에서 열린 집회에는 10만 명이 넘는 시민과 학생들이 '서울의 봄'을 맞이하러 모여들었다. 그러나 이번에도 역사의 시계는 자연의 법칙을 거슬러 봄을 다시 겨울로 되돌려 놓았다. 전두환이 이끌던 신군부가 '5·17 계엄확대조치'와 광주에서의 학살을 통해 봄을 빼앗아 가버린 것이다. 당시 나는 계엄사 합동수사본부 군인들에게 얻어터지고 걷어차이며 이미 남영동 대공 분실에 끌려가 있던 상황이었다. 나도 모르는 사이 내란을 꾀한 공범이 되어 인간이라는 존재를 잠깐씩 잊게 하는 잔인한 고문과 모욕에 시달리던 칠흑 같은 나날들. 그런데 이상하게도 절망적이라는 생각은 전혀 들지 않았다. 아마도 한 시인이 말했듯이 '바람보다도 더 빨리 눕고, 바람보다도 더 빨리 울고, 바람보다 먼저 일어나는' 민초들의 모습을 내 눈으로 똑똑히 목격한 덕분이었으리라. 그것도 두 번이나.

실제로 나는 감옥을 나온 뒤, 말 그대로 물 만난 고기마냥 열심히 뛰어다녔다. 평생의 스승인 김대중 전 대통령을 도와 청년들을 조직하고, 야당과 재야단체 사무실을 문턱이 닳도록 드나들면서 본격적으로 민주화 운동에 뛰어든 것이었다. 그래서 1987년 6·10항쟁이 벌어졌을 때는 '드디어 올 것이 왔구나' 하는 생각뿐, 전혀 놀랍지 않았다. 매운 최루탄 연기 때문인지 거리를 가득 메운 넥타이 부대로 인한 감동 때문인지 아니면 둘 다인지는 몰라도, 이 큰 얼굴을 온통 눈물과 콧물로 범벅한 채 '호헌철폐 독재타도'를 외치고 다녔다. 지금 되돌아봐도 정말 머리가 쭈뼛할 만큼 짜릿하고 아름다운 시절이었다.

그런 숱한 과정을 거치며 성큼 찾아온 2016년 겨울의 천만 촛불은 내 생애 어쩌면 마지막일지 모를 네 번째 민주 항쟁이라 할 수 있겠다. 헌법을 유린한 박근혜 대통령을 탄핵하라는 국민의 촛불은 한겨울 추위를 녹일 듯 뜨거웠고, 절망적인 세상에서 다시 희망이란 단어를 노래하게 할 만큼 아름다웠으며, 화염병 하나 없이 부드러웠지만 한없이 강하고 결연했다.

촛불은 아무리 민주적 절차에 의해 선출된 대통령이라 하더라도 헌법을 파괴하고 국정을 농단하는 행태만큼은 절대 용납하지 않는다는 국민적 위엄을 보여줬다. 대한민국이 민주공화국이고 그 권력은 국민으로부터 나온다는 헌법 1조의 실체를 보여주었으며, 거짓 공약으로 대선에 승리하기만 하면 그만이라는 발상에 철퇴를 가했다. 더는 불공정과 불평등이 우리 아이들과 청년, 그리고 모든 국민의 꿈과 희망에까지 어두운 그늘을 드리우게 해서는 안 된다는, 그동안 겹겹이 쌓인 적폐를 청산해서 나라를 바로 세우자는 간절함의 다른 이름이 곧 촛불이었다.

그럼에도, 그럼에도 말이다. 나는 이 가슴 떨리는 항쟁의 결과물이 또다시 민주주의를 역행하는 자들의 주머니로 들어갈까 봐 지금 이 한순간 한순간이 두렵기만 하다. 그렇다면 이 엄중한 시점에 과연 나는 무엇을 해야 하는가? 고민하고 또 고민했고, 그리고 결심했다. 정치인으로 살아온 내 인생의 각각의 고비를 관통하는 경험과 생각들을 실처럼 엮어 대통령이란 어떤 존재인지, 또 민주주의 국가에서 절실히 필요로 하는 대통령의 상像이 무엇인지에 관해 하나의 완성된 옷처럼 책이라는 형태로 짜서 세상에 내놓자고 말이다.

나는 촛불을 든 시민 한 사람 한 사람이 대통령에 관해 더 자세하고 명확하게 알기를 바란다. TV와 신문이 전해주는 단편적인 동향 기사에나 등장하는 대통령이 아닌, 곱게 차려입은 한복 옷자락에 가려진 대통령이 아닌, 주권자인 국민의 열망을 대변하고 시대의 아픔에 공감하며 미래의 청사진을 보여주는 '우리의 대통령'을 진정 갖길 원한다면, 그런 대통령은 무슨 일을 해야 하고 할 수 있어야 하는지를 좀 더 주체적으로 알아야 한다고 생각한다. 그래서 김대중 대통령이 말한 '행동하는 양심'으로, 노무현 대통령이 말한 '시민의 조직된 힘'으로 민주주의를 지켜나가길 바란다.

나는 김영삼 대통령의 문민정부 시절 초선 의원으로 정치에 입문했다. 정치인생의 스승인 김대중 대통령과 동지였던 노무현 대통령, 그리고 이명박 대통령과 지금의 박근혜 대통령에 이르기까지 다섯 명의 대통령을 경험했다. 때로는 정무수석 비서관과 비서실장으로 최측근에서 대통령을 보좌하기도 했고, 또 때로는 대통령과 대척점에 선 야당 의원으로 마주하기도 했다. 따라서 내가 하는 대통령 이야기는 여느 평론가나 정치학자들의 그것과는 다르다. 나는 관찰자라기보다는 때로는 함께 정국을 운영했던 동지의 마음으로, 때로는 노선과 가치가 전혀 다른 국회의원의 비판자적 시각에서 대통령을 논할 것이다.

그리고 거기에 경험과 시간의 무게를 더해보려 한다. 올해로 내 나이 일흔둘, 공자가 "마음먹은 대로 행하여도 법도를 어기지 않았다從心所慾不踰矩"던 종심從心을 어느덧 훌쩍 넘어섰다. 이제 다른 사람의 눈치 때문에 해야 할 말을 가려야 하는 나이는 지난 것이다. 따라서 나는 이 책에 내가 하고자 하고, 또 할 수 있는 이야기를 가감 없이 담았다. 내가 경험한 대통령들과의 일화를 통해 그들이 어떤 리더십을 가진 대통령이었는지, 우리에게 중요한 국가와 지도자의 가치가 무엇인지를 함께 생각해볼 기회를 가져보고자 한다. 닭띠인 내가 생애 여섯 번째로 맞이한 닭의 해에 펴낸 이 책이 내게 특별한 의미를 갖는 건 그래서다.

과거를 제대로 응시하다 보면 거기에 현재와 미래가 담겨 있음을 깨닫고 무릎을 치게 되는 순간이 있다. 나의 이 보잘것없는 이야기가 민주주의가 제대로 피어난 대한민국에서 살아보고자 하는 누군가에게 잠시나마 그런 순간을 경험하게 해주는 계기가 되길 바란다.

2017년 봄

문희상

차례

프롤로그 | 왜 대통령에 관해 알아야 하는가 • 4

대통령의 시작

01 "제가 한번 해 보겠습니다" : 대통령이 되고 싶은 사람 • 18

02 이것은 총칼 없는 전쟁 : 선거 I • 26

03 돈 안 드는 선거라는 꿈 : 선거 II • 38

04 "뭉치면 살고 흩어지면 죽는다" : 후보단일화 • 49

05 이기려면 파도에 몸을 실어라 : 대통령이 되는 사람 • 56

대통령의 시간

01 5년의 밑그림을 부탁해 : 인수위원회 • 66

02 대통령의 인사권은 어디까지일까 : 인사권 I • 73

03 인사도 결국은 메시지다 : 인사권 II • 83

04 대통령의 500 전사들 : 청와대 비서실 • 94

05 막힘이 없으면 아프지도 않다 : 대통령의 소통 능력 • 110

06 대통령의 공식 최측근 : 비서실장 • 124

07 집이라기엔 쓸쓸하고 일터라기엔 비효율적인 : 청와대 • 134

08 여기가 바로 컨트롤타워다 : 국가안전보장회의(NSC) • 144

09 공인의 삶과 개인의 삶 사이 : 대통령의 24시간 • 155

10 삼권분립은 민주주의의 운영 원리 : 대통령과 국회 • 177

11 가까워도 멀어도 안 되는 관계 : 대통령과 언론 • 192

12 권력은 설득력에서 나온다 : 대통령의 말 • 210

대통령의 삶, 마무리

01 화려한 꽃도 영원할 순 없다 : 레임덕의 시작 • 232

02 지우려 말고 자기만의 길을 가라 : 옛 권력 vs. 새 권력 • 240

03 그래도 삶은 계속 된다 : 대통령의 퇴임 이후 • 252

대통령의 리더십

01 이미지가 아닌 자질을 봐야 해 : 대통령의 리더십 I • 262

02 도덕성, 국민통합 능력, 국정운영 능력 : 대통령의 리더십 II • 267

에필로그 | 당신이 주인이다 • 282

대통령의
시작

01

“제가 한번 해 보겠습니다”
: 대통령이 되고 싶은 사람

미국의 32대 대통령 프랭클린 루스벨트Franklin Roosevelt가 초등학교를 방문했을 때의 이야기다. 한 어린이가 손을 들고 “어떤 사람이 대통령이 되나요?”하고 물었다. 대통령은 “그건 나도 잘 모르겠어요”라고 답한 뒤 이렇게 말을 이었다.

“다만 한 가지는 알아요. 대통령이 되고자 하는 사람 중에서 대통령이 나온다는 사실 말이지요.”

대통령은 하고자 하는 사람 가운데서 나온다

싱겁게 들릴지 몰라도, 대통령은 대통령이 되고자 하는 뜻을 품은 사람 중에서 나온다. 그런 ‘의지’가 없다면 대통령이 될 수가 없다는 뜻이다. 1948년 애초 의원 내각제로 고안되었다가 이승만의 강력한 반발로 대통령 중심제를 명시한 헌법을 채택한 이후 대한민국은 총 11명의 대통령을 경험했다. 그들은 스타일도, 생각하는 가치도 모두 달랐다. 당선된 이유도 다 다르고, 훗날의 평가도 다르거나 다를 것이다. 단 한 가지 공통점을 찾는다면 그것은 그들의 '권력 의지'라고 하겠다.

대통령이 되려면, 온갖 일들을 온몸으로 겪어낼 각오를 해야 한다. 지도자는 진흙탕에도 뒹굴어보고, 돌부리에 걸려 넘어져도 얼른 털고 일어날 줄 알아야 하며, 필요하다면 때로는 자신의 손에 '피도 묻힐 수' 있어야 한다. 어떠한 상황도 견딜 수 있을 만큼의 권력의지가 없다면 애당초 대통령이 되려고 해서는 안 된다. 그리고 그런 의지와 각오가 없다면 애초부터 정치에 발을 들여놓아서도 안 된다. 자신의 열정과 헌신으로 이 나라의 미래를 조금이나마 바꿔보고자 직업 정치인의 길을 걷겠다면, 실현 가능성을 떠나서 적어도 대통령이 될 정도의 자질을 키워보겠다는 포부가 필요한 것이다.

이는 내가 정치 입문을 꿈꾸는 사람들에게 맨 먼저 확인해보는 내용이기도 하다. 아주 오래전, 실제로 그런 청년 하나가 나를 찾아온 적이 있었다. 故 이기택 전 의원실에서 일했던 손모

비서관이 자신의 가장 절친한 친구를 데려와서는 정치에 한번 뛰어들어보고 싶어 한다며 조언을 좀 해달라는 것이었다. 가만히 이야기를 나눠보니 서울대 법대에 들어가 열심히 학생운동을 하다가 노동현장에까지 투신했던 열혈 운동권 출신인 데다, 인생의 진로를 바꿔 응시한 사법시험에서는 수석으로 합격하기까지 한 아주 똑똑한 친구였다. 그런 그에게 나는 대뜸 물었다.

"자네는 대통령이 되고 싶은 꿈이 있나?"

"네? 아…… 네, 그렇긴 합니다만……."

"그래 좋아. 대통령이 되겠다는 꿈이 없으면 아예 여의도에 발을 들여놓을 생각을 하지 말게. 그리고 대통령을 하려면 고향에서부터 출발해. 자기 고향 사람들을 든든한 버팀목으로 삼지 못하면 항상 공중에 붕 떠 있는 듯한 느낌이 들 수밖에 없는 거야."

그러나 당시엔 내 조언이 그다지 와 닿지 않았는지, 그는 새누리당(현재 자유한국당)의 전신인 한나라당 후보로 서울에서 출마한 뒤 당선돼 국회의원 생활을 시작했고, 몸담고 있는 정당이 다른 탓에 나와는 더 이상 서로 특별한 인연을 이어가지는 못했다. 다만 3선 국회의원을 거쳐 고향인 제주도로 내려가 도

지사로 일하며 향후 대한민국을 이끌어갈 차세대 지도자감으로 그가 거론된다는 뉴스를 접할 때마다, 나 혼자 그때 일을 떠올리며 의원실에 앉아 쓰윽 미소를 지을 뿐이다.

인간의 다섯 단계 욕구

크든 작든, 인간에게는 권력을 향한 욕망이 있다. 인간은 혼자가 아니라 함께 더불어 살아야 하는 존재이기 때문에 질서가 필요하고, 질서를 잡는 건 애초부터 가장 힘이 센 사람의 몫이었다. 과거 수렵과 채집으로 살아가던 부족이나 씨족사회에서는 인간도 동물의 세계와 같이 적자생존의 원칙 속에 살았다. 힘이 센 사람이 이기고, 이기는 자가 집단의 우두머리가 되는 건 자연스러운 과정이었다.

그러나 동시에 인간에게는 단순히 무리를 지배하고 질서를 잡으려는 권력의지와는 다른 측면도 분명 존재한다. 인본주의 심리학자인 에이브러햄 매슬로우Abraham H. Maslow는 인간의 욕구를 여러 단계로 나눈 뒤 자아가 성장해갈수록 낮은 단계의 욕구에서 다음 단계로 옮겨간다고 설명한 바 있는데, 그 첫 번째는 생리적 욕구, 두 번째는 안전, 세 번째는 애정, 네 번째는 인정, 마지막은 자아실현의 욕구였다.

생리적 욕구는 식욕이나 성욕같이 인간의 몸이 필요로 하는 기본적인 욕구다. 생명이 있는 이상 인간은 누구나 밥을 먹고 화장실에 가며 잠을 잔다. 다음으로 인간은 안전을 원한다. 다른 집단의 공격이나 자연재해 등으로부터 자신과 공동체의 생명과 일상을 보호받고자 하는 욕구가 있는 것이다. 그다음으로는 사랑하고 사랑받고 싶은 욕구가 생긴다. 자꾸만 누군가가 눈에 아른거리고, 그 사람이 자신을 어떻게 여기는지에 온 신경을 곤두세우며, 가족이나 또래들로부터 애정을 갈구한다. 그러다가 어느 순간 그들로부터 인정받고 싶은 욕구가 점점 고개를 치켜들기 시작한다. 반장이 되고 싶고, 조금이라도 더 강한 사람이 되고 싶다. 돈도 마찬가지다. 먹고 살기에 전혀 지장 없을 만큼의 돈이 있어도 더 많은 부를 원하는 것은 그것이 "나는 할 수 있다"는 힘, 즉 권력과 연결되기 때문이다.

여기까지가 인간 욕구의 끝이라면 부귀영화와 권력을 누리는 삶이 인생의 최대 목표이자 종착지겠지만, 그러나 인간에게는 그것 너머의 욕구가 또 하나 있다. 자신의 가치를 실현하고자 하는 자아실현의 욕구가 바로 그것이다. 같은 인간이 각자 서로 다른 길로 갈라지는 것도 다름 아닌 이 지점에서라 할 수 있는데, 먼저 욕구가 내면으로 향하는 이들이 있다. 그들은 세상의 이치를 깨닫고 인격을 완성하고자 묵묵히 외로운 길을 걷는다. 예수나 공자, 석가모니 같은 성인들이 대표적으로 이런 유형에 속한다.

반면 정치인들은 이 욕구가 세상을 향한다. 더 나은 세상을 실현하고자 자신을 던지는 것이다. 그리고 그 욕구가 최종적으로 가 닿는 곳은 우리나라로 치면 대통령이다. 권력의 최고점이기도 하지만, 그 힘을 잡아야 자신이 이상적으로 생각하는 가치를 실현할 국가를 만들 수 있기 때문이다. 김대중 대통령이 생각했던 이상적인 국가는 '자유가 들꽃처럼 만발하는 세상, 정의가 강물처럼 흐르는 세상, 통일의 꿈이 무지개처럼 솟아오르는 세상'이었다. 노무현 대통령은 '사람 사는 세상, 골고루 잘 사는 세상, 반칙과 특권이 없는 공정한 세상'을 꿈꿨다. 그들은 온 힘을 바쳐서 그걸 이루려 애썼다.

고양이의 발톱 같은 권력 의지

허나 안타깝게도 우리가 그동안 경험한 대통령들 가운데에서는 권력의지와 자아실현의 욕구 가운데 오직 전자의 힘만으로 권좌에 앉은 듯 보이는 사람들도 있었다. 그들은 힘을 소유하고 유지하며, 그것을 누리는 데에만 관심이 있었기에 쉬지 않고 자신의 권력 의지를 드러냈다.

그들은 권력의지가 묘과猫科 동물의 발톱과 같아서 소리 없이 드러날 때 더 강력하고 무서운 것임을 알지 못했다. 솜방망이 같은 앞발로 장난을 치는 고양이는 평상시에는 발톱을 드러내지 않는다. 그러나 외부의 위협으로부터 자신을 보호해야 하거나 배가 고파 무언가를 잡아먹어야 할 상황을 마주하면 비로소 숨겨둔 발톱을 꺼낸다. 그래야 날카로운 발톱이 자신을 상하게 하지 않으면서도, 자신을 지키고 또 원하는 걸 손에 넣을 수 있게 되는 것이다. 하지만 우리 역사에서 몇몇 대통령들은 발톱을 드러내야 할 때와 그렇지 않아야 할 때를 구별하지 못하여, 그 발톱이 결국 자신의 살을 파고드는 상황을 맞이했다. 권력의 화신이 되고 만 것이다. 역사의 비극이다.

나는 그들에게도 이루고자 하는 세상이 있었으리라 믿는다. 다만 민주주의를 제대로 훈련받지 못했기 때문에 그 세상의 모습이 철저히 자기중심적일 수밖에 없었거나, 시간이 지나면서 권력 자체에 매몰되어 점점 괴팍하고 우둔한 괴물이 되어간 것이리라. 권력의 노예가 된 이들은 대통령으로 적합하지 못하다. 권력에 중독되지 않고 권력 자체를 목적으로 여기지 않는 사람이어야 한다. 가슴에는 힘을 향한 욕망을 품었으나 두 눈은 더 나은 세상을 바라보고 그런 사명감으로 걷는 사람, 그가 대통령이 되어야 한다. 대통령이 되고자 하는 사람은 자신에게 이런 사명감과 권력의지가 있는지 곰곰이 돌아봐야 한다. 이 둘을 지녔다고 모두 대통령이 되는 건 아니지만, 없다면 대통령으로 나서서는 안 된다.

02

이것은 총칼 없는 전쟁
: 선거 I

아직 하늘로 오르지 못하고 물에 잠겨 있는 용들이 있다. 이른바 잠룡潛龍이라 일컬어지는 이들이다. 대통령 선거가 다가오면, 잠룡들은 하늘에 올라 용이 되고자 꿈틀댄다. 그중에는 고작해야 여론조사 지지율 3%, 1%인 인물도 있다. 국민의 눈에는 '승산 없는 싸움'에 뭘 바라고 저렇게 달려드는지 의아할 수도 있겠다. 하지만 용꿈을 꾸는 사람들의 시각은 일반 국민과는 확연히 다르다. 지지율이 40%를 육박하는 이른바 대세 후보는 더 올라갈 계단은 얼마 안 남고 내려갈 계단만 층층이지만, 3%인 자신은 아직 올라갈 수 있는 계단이 저 위로 무궁무진하게 이어져 있다고 생각하는 것이다.

그렇다고 완전히 허무맹랑한 꿈이라고만 치부할 수는 없다.

그런 가능성을 현실로 보여준 노무현의 사례가 있기 때문이다. 2002년 새천년민주당(현재 더불어민주당) 경선을 시작할 때만 해도 노무현 당시 후보의 지지율은 1%에 불과했다. 그런 그가 제주에서부터 슬슬 바람을 일으키더니 울산과 광주를 거치면서 파죽지세로 치고 올라와 결국 대통령 후보가 되고, 또 극적인 후보 단일화 드라마를 거쳐 대통령으로 당선되었다. 이는 그 뒤로 지지율 한 자릿수 잠룡들에게는 '나라고 못할 건 뭐냐'는 근거 없는 자신감을 불어넣은 계기가 됐다. 사실 나조차도 그때의 기억들이 부지불식간에 떠올라 "그래도 선거는 끝까지 해봐야 하는 거야"란 말을 입에 달고 다닐 정도니 말 다했지 뭔가.

대통령은 정당에서 성장한 사람이어야

대한민국의 대통령 선거에는 여의도 정치와의 거리를 강조하면서 참신함을 무기로 내세워 대선에 도전하는 이들이 늘 존재해 왔다. 기본적으로 오늘날의 의회정치에 불신과 혐오감을 갖고 있는 국민들은 그 반대급부로 늘 '새로운 인물'을 갈망하는 심리가 있기 때문이다. 14대 대선 때 박찬종, 15대 때 이인제, 16대 때 정몽준, 17대 때 문국현, 18대 때 안철수의 인기가 그런 심리의 반영이었다. 하지만 '참신하고 깨끗할 것 같아요'라는 세간의 막연한 기대에 고무돼 대선전에 뛰어들었다가 실제로 대통령이 된 인물은 그중 아무도 없다. 비전과 철학이라는 탄탄한 뿌리와 사방으로 뻗은 조직이라는 가지 없이, 이미지라는 화려한 꽃만으로는 사람들의 시선을 잡아두는 데 한계가 있다. 보기 좋은 꽃도 한철인 것이다.

그래서 나는 대통령이 되고자 하는 사람은 기본적으로 정당에서 성장한 사람이어야 한다고 생각한다. 무엇보다 그게 대의민주주의의 원칙에 맞다. 한 명의 개인이 아니라 수많은 사람들이 모여 때로는 부딪치기도 하고 또 그걸 조정해나가면서 서로 힘을 하나로 모아가는 요체인 정당이 정치의 주된 행위자가 되는 게 바람직하다고 보는 것이다.

물론 국민들 사이에는 기존 정당들에 대한 회의와 냉소가 차디찬 계곡물처럼 흐르고 있는 게 엄연한 현실이라는 건 잘 안다. 그런 '국회 혐오'를 조장함으로써 반사이익을 누려온 기득권 세력도 있다. 그러나 분명한 건, 그럼에도 불구하고 우리는 대의제 민주주의 국가에서 살아가고 있다는 사실이다. 고대 그리스의 도시국가들처럼 모든 시민들이 아고라에 모여 당면한 문제 하나하나를 일일이 논의하는 직접 민주주의가 현실적으로 불가능하기에, 끼리끼리 모여 이익 결사체를 만들고 그중에서 선거에 나설 후보를 뽑으며, 후보자들끼리 겨뤄 당선된 대표자들이 국회에서 시민의 뜻을 대변하게 하는 체제인 것이다.

그러다 보니 그 안에는 갈등이란 게 늘 존재할 수밖에 없고, 그렇게 갈등하는 모습이 '허구한 날 쌈박질만 하는 국회'라는 인식을 빚어낸다. 하지만 동시에 그것이 민주주의 본연의 모습이기도 하다는 사실을 잊어서는 안 된다. 민주주의란, 아예 갈등 자체가 없는 사회를 지향하는 제도가 아니다. 사회 안에 늘 존재하는 갈등을 각자가 알아서 해결하는 게 아니라 그걸 사회화하고 제도화해서 합의점을 찾아가는 과정이다.

따라서 정당과 정치의 존재 자체를 혐오하고 부정하는 '반反정치의 정치'를 하겠다는 자는 대통령이 되어선 안 된다. 그는 정치가 무엇인지 모르는 사람이다. 2002년 겨울 대선 전 마지막 TV 광고에서 노무현 대통령은 "정치가 썩었다고 고개를 돌리지 마십시오. 낡은 정치를 새로운 정치로 바꾸는 힘은 국민 여러분에게 있습니다"라고 호소했다. 우리는 여기에서 답을 찾아야 한다.

한편 대선을 앞두고 정당 출신이 아닌 인물이 갑자기 창당한 경우도 적지 않았다. 정주영의 국민신당, 문국현의 창조한국당, 정몽준의 국민통합21 등이 대표적인 예다. 하지만 정당의 목적은 단순히 누구를 대통령으로 만들기 위함이 아니다. 대통령이 될 가능성을 지닌 인물을 중심으로 어느 날 급조된 정당은 민주주의 정당의 본질에서 한참 벗어나 있다. 국민을 대표해 국민의 더 나은 삶을 위해 일하고, 오랜 시간 그렇게 일한 결과로 국민의 신뢰를 얻어 하나씩 법과 제도를 만들어 가는 규합된 세력이 정당이다. 그런 정당 내부에서 지도력을 축적하고 경선에서 싸워 이긴 사람이 대통령 후보로 나서는 게 제대로 된 민주주의의 규칙인 것이다.

경선 이야기가 나왔으니 말인데, 일단 경선 자체를 두려워하거나 거부하면서 꽃가마 태워 선거전에 내보내 주기만을 기대하는 사람도 대통령이 될 수 없다. 경선에서 불리하다고 골대를 자꾸 옮기자거나 심판에게 대드는 것도 영 모양새 빠지긴 마찬가지다. 경기에 임하는 선수는 정해진 규칙과 경기장 환경에 따라 온 힘을 다해 골을 넣는 데 전념해야지, 패스를 안 해준다는 둥 골대가 약간 비뚤어져 있다는 등의 이유를 대며 경기를 다시 하자거나 경기장 밖으로 나가버려서는 곤란하다.

실제로 우리 정치에서는 경기 결과에 깨끗이 승복하고 이긴 후보에게 박수를 보내는 광경보다는 그 반대의 경우가 더 많다. 치열한 당내 경선을 치른 뒤, 정치적으로나 인간적으로 영영 갈라서는 경우도 허다하다. 그걸 막기 위해서는 결국 승자가 패자를 안아주어야 한다. 경선에서 생긴 앙금이 끝까지 이어진 관계는 이긴 사람이 손을 내밀지 못한 경우가 대부분이다. 당의 후보가 된 사람은 경선에서 탈락한 진영의 사람이 자신의 선거캠프 진영과 어울려 한 팀이 되도록 이끌어야 하는데, 겉으로는 한 지붕 아래 있어도 그 냉랭한 공기를 녹여내기란 결코 만만치 않은 일이다.

선거캠프 - 전쟁터에 뛰어드는 사람들

이제 경선을 통과한 후보는 진짜 싸움에 뛰어든다. 선거는 전쟁이다. 이 전쟁은 '전부를 얻거나 모든 걸 잃는All or Nothing' 싸움이기 때문에 목숨을 걸고 자신을 내던져야 한다. 후보 본인뿐 아니라 함께 뛰는 참모들도 자신의 모든 것을 건다. 대통령 선거 기간은 정치인들의 시계에서 가장 열정적인 시간이다. 후보와 참모들은 선거일까지 한 몸이 되어 자신의 모든 걸 불태운다. 그리고 불태우는 과정의 시작과 끝은 조직, 즉 사람이다. 조금 과장해서 말하면, 캠프에 사람을 모으고 몸집을 끝없이 불려나가다 보면 어느새 선거가 끝난다고나 할까.

선거철 언론에는 대선 기획단장이니 공동선대위원장이니,

혹은 총괄본부장이니 하는 평소 잘 들어보지 못한 직함들이 등장한다. 그리고 "아무개 교수가 캠프에 합류했다"거나 "대법관 출신의 모 씨도 정책 자문단 합류를 저울질하고 있다"는 식의 말들이 신문지면을 도배하곤 한다. 선거판을 직접 경험해보지 못한 국민들로서는 대강 무슨 뜻인지는 알 것 같으면서도 또 막상 물어보면 그들의 역할이 구체적으로 뭔지 대답하기 애매한 경우가 많다.

그도 그럴 것이 선거 캠프, 특히 대선 캠프는 워낙 거대하고 복잡한 조직인 데다 후보마다 조직의 형태도 다르다. 18대 대선을 예로 들면, 박근혜 후보의 '국민행복캠프'는 공동선대위원장 아래로 각 본부장과 정책위원회가 있는 전통적인 단일 구조였고, 문재인 후보의 '담쟁이 캠프'는 선거운동을 담당하는 민주 캠프와 정책 생산을 담당하는 '미래 캠프', 시민 사회의 참여를 넓히기 위한 '시민 캠프', 이렇게 삼각 편대를 이뤄 돌아가는 구조였다. 그리고 안철수 후보의 '진심 캠프'는 정책을 제안하는 포럼들이 모인 국민정책본부를 중심으로 선거대책본부가 움직인 형태였다.

이렇게 형태는 각각 다를지라도 기본적으로 갖춰야 할 부분은 똑같다. 선거 캠프를 그릴 땐 맨 먼저 현장에서의 선거운동과 물밑에서의 조직 관리라는 큰 밑그림에서부터 시작한다. 주로 직접적인 선거운동을 담당하는 단위는 선거대책본부(선대본)라 불리고, 조직 관리는 선거대책위원회(선대위)에서 도맡아 한다. 따라서 조직에 중량감을 실어줄 수 있는 상징적인 인물을 대개 선대위 위원장으로 앉히고, 직접 발로 뛸 야전 사령관을 선대본 본부장으로 임명한다고 봐도 좋겠다. 그래서 선대위 위원장은 여러 명이 공동으로 하는 경우가 많고, 본부장은 전략 본부장, 홍보 본부장, 조직 본부장 하는 식으로 본부장 앞에 자기가 맡은 업무의 이름이 붙는다. 그리고 본부장들을 총지휘하는 총괄본부장이 선거 캠프 운영을 실질적으로 이끌어가는 구조인 것이다.

선거 운동을 직접 발로 뛰는 선대본은 세부적으로는 일정, 전략, 홍보, 메시지, 자금 등으로 팀이 나뉜다. 우선 후보가 언제 어디를 방문해 누구를 만날지는 선거 운동원과 유권자들의 초미의 관심사다. 그래서 각 지역위원회에서는 후보가 자기 지역을 한 번이라도 더 찾게 하려고 일정 팀과 신경전을 벌이는 경우가 흔하다. 그리고 후보의 일정은 선거 전략과도 밀접한 관련이 있기 때문에 전략팀의 머리싸움도 치열해진다. 예를 들어 전라도에서는 안정적인 우세가 유지되는데 박빙을 예상했던 충청도에서 열세를 면치 못하고 있다고 판단되면, 후보가 그쪽 지역을 전략적으로 집중 공략하게끔 일정을 수정하도록 해야 하는 것이다.

홍보팀은 후보자의 이미지와 철학, 정책을 쉽고도 명확하게 전달할 수 있는 선거 슬로건과 카피를 뽑고, 방송·인쇄물·현수막 제작 등을 총괄한다. 메시지 팀은 각종 정책과 공약을 전달력과 호소력 짙은 언어로 바꿔 적재적소에 후보의 입을 통해 전달되도록 하고, 공보팀은 언론사에 보도 자료를 배포하고 기자들을 상대한다. 후보가 텔레비전이나 라디오 같은 미디어에 나갈 경우 기획과 진행을 살피는 것도 공보팀이 하는 일이다.

그 밖에 정책위원회나 정책 자문단도 빠질 수가 없다. 이들은 대통령 후보의 그 수많은 정책과 공약들을 생산해내고 가다듬는 역할을 담당한다. 따라서 각 분야의 내로라하는 전문가들로 구성되는 게 최선이며, 추천을 받아 영입하기도 하지만 당선 가능성이 높은 후보일수록 서로 들어오겠다는 희망자들이 줄을 서는 경우가 많다.

개중에는 후보자의 당선 이후 청와대 입성이나 정부 고위직을 꿈꾸는 사람들도 물론 있을 테고, 자신이 평생 연구한 이론을 현실에 접목해보겠다는 학자적 열망에 이끌린 사람들도 적지 않다. 또 때로는 나름대로 분석 자료랍시고 A4 용지를 죽 뽑아와 냅다 들이미는 이른바 정치 거간꾼들도 간혹 뒤섞여 있다. 어떡하든지 선거판에 끼어든 뒤 나중에 자신의 공을 내세우며 정부 기관이나 공기업에서 한 자리라도 해보려는 사람들이다. 하지만 뻔히 보이는 그들의 속내를 알면서도 마냥 단호하게 내칠 수만도 없는 노릇이다. 한여름에 익어가는 벼는 이삭과 쭉정이를 구분하기도 쉽지 않을뿐더러, 비록 도움이 되지 않아도 그들이 반대세력으로 돌변하는 것을 원하는 후보는 없기 때문이다.

다른 한편으로 선거는 후보자를 중심으로 한 공중전만으로는 결코 승리할 수 없다. 즉 지상 곳곳에서 각개 전투를 벌여줄 조직이 또 다른 중요한 관건인 것이다. 때문에 선거 운동이 시작되면 당의 지역위원회는 모세혈관처럼 유권자들 사이로 들어가 움직일 수 있어야 한다. 2012년 대선 당시 박근혜 후보의 선대위는 전국을 읍면동 단위로 나눠 100명의 지구당 위원장과 그 아래 60만 명을 관리했다고 알려져 있다. 해당 선거에서 민주당이 패배했던 가장 큰 이유 중 하나도 바로 그 지점에 있었다. 잘 짜인 기존의 당 조직을 충분히 활용하기보다는 후보 개인과 그 지지자들에게 현장 선거운동의 중심추가 너무 쏠리는 경향이 있었던 것이다.

물론 때에 따라서는 전략적인 판단 속에 일부러 그렇게 움직이는 경우도 없지는 않다. 예를 들어 후보보다 정당의 지지도가 높으면 당을 더 부각하고, 반대로 당의 지지도가 후보에 비해 낮으면 후보는 당과 일정 정도 거리를 두는 모습을 취하는 것이다. 그럼에도 기본적으로 선거는 당을 중심으로 돌아가야 옳다는 게 나의 개인적인 믿음이다.

말이 나온 김에, '조직 밖에 있는 조직'에 대해서도 이야기를 해보자. 선거에서 힘을 발휘하는 조직에는 공조직만 있는 건 아니다. 후보의 일명 '외곽조직'이란 것도 분명 존재한다. 2007년 대선 당시 회원 수가 수백만 명에 이르렀던 이명박 후보의 '선진국민연대', 2012년 대선 당시 박근혜 후보의 '국민희망포럼'이나 서병수 부산시장이 꾸린 부산 최대의 친박 모임 '부산비전포럼', 문재인 후보의 싱크 탱크였던 '담쟁이 포럼' 등이 대표적인 외곽조직에 해당한다.

그런데 우리나라 공직선거법은 87조 2항에 "누구든지 선거에 있어서 후보자의 선거운동을 위하여 연구소, 동우회, 향우회, 산악회, 조기축구회, 정당의 외곽단체 등 그 명칭이나 표방하는 목적 여하를 불문하고 사조직, 기타 단체를 설립하거나 설치할 수 없다"고 명시한다. 그렇다면 이런 외곽 조직들은 엄연한 불법이 아닌가. 선관위는 왜 그들을 수수방관하는 걸까. 바로 해당 법률에서는 '선거 운동을 위하여'가 핵심이라는 데에 그 의문의 실마리가 있다. 다시 말해, 포럼을 열고 공약 개발을 하는 등의 활동은 일종의 선거 준비 과정으로 선거 운동 자체에는 해당하지 않는다. 따라서 팬클럽의 성격을 띤 후보의 지지모임은 이 법 조항에서 규정한 '사조직'에 해당하지 않는 것이다.

이러한 후보의 자발적 지지모임들은 근래 들어 눈에 띄게 그 영향력이 커졌다. 이들은 그저 "나는 이 후보를 지지한다"고 의사를 표현하는 데에 그치지 않는다. 온라인과 소셜 네트워크 공간에 적극적으로 지지 의견을 올리고 주변을 설득하는 한편, 오프라인에서의 선거 운동에도 열성이다. 지금처럼 국가가 선거 비용을 보전해주는 시스템이 제대로 갖춰지지 않았던 2002년에는 너도나도 돼지 저금통을 꽉꽉 채워 노무현 후보에게 보내기도 했다. 그 마음이 얼마나 고마웠던지, 노 대통령이 청와대에 입성하자마자 맨 먼저 한 일 중 하나가 본관 집무실 한쪽 벽에 저금통과 편지를 걸어 두는 것이었다. 이런 자발적 참여가 나날이 활발해진다는 것은 더 이상 익명의 방관자로 머무르지는 않겠다는 시민들이 갈수록 늘어난다는 증거다. 참 고무적이다.

03

돈 안 드는 선거라는 꿈
: 선거 II

후보를 둘러싼 사람들의 열정적인 참여는 선거의 승리를 위한 필수 조건이다. 그러나 후보와 당원, 지지자들이 각자 맨몸을 불태우는 것만으로 전쟁에서 이길 수는 없는 법, 또 하나 절대 빼놓을 수 없는 게 있다. 바로 실탄, 즉 돈이다.

선거, 보이지 않는 비용과의 전쟁

대통령 선거와는 그 규모에서 차이가 있을지 모르겠지만, 우선 당 대표 선거를 한번 예로 들어 보자. 나는 지난 2005년 4월에 치러진 열린우리당 의장 선거에 출마한 경험이 있다. 다행히 43%라는 역대 최고 득표율로 당선되긴 했는데, 염동연, 장영달, 유시민 같은 쟁쟁한 후보들과 격전을 치르느라 젖 먹던

힘조차 모두 소진해야 할 지경이었다. 그때 우리 선본이 지출한 경비가 모두 합해 약 7억 원, 그나마도 과거에 비해 절반 정도 줄어든 금액이 그 정도였다. 이런 이야기를 들으면 혹자는 "고작 만여 명에 불과한 대의원들을 대상으로 치르는 당내 선거에서 무슨 돈이 그렇게 많이 드냐"고 힐난할지도 모르겠다. 하지만 당 대표도 엄연히 전국 단위 선거다. 규모가 좀 작을 뿐, 대통령 후보 경선과 그 과정도 비슷하고, 들어가는 비용도 만만치 않다.

대체 왜 그리 돈이 많이 드는지 궁금한 사람들을 위해서 구체적으로 하나씩 짚어보자. 맨 먼저 캠프 사무실이 필요하다. 당 대표 선거라 당사에서 공간을 좀 할애해주지 않을까 싶지만, 그렇지 않다. 여의도 국회의사당 인근에 대략 100평 규모의 건물 한 층을 6개월 단기계약으로 각자 알아서 구해야 한다. 그리고 거기에다 책상과 전화 같은 집기들을 들여놓는 데에 일차적으로 돈이 들어간다. 대통령 후보의 경우 공간을 빌리는 기간도 더 길어지고, 사무실을 두 군데 이상 얻어야 할 때도 있다. 예전에는 과거 당선자를 배출한 적이 있는 건물에 서로 들어가려고 물밑 경쟁이 벌어지기도 했다. 여의도 정가에서는 대통령과 서울시장을 각각 두 명씩이나 배출한 D 빌딩이 그런 명당으로 꼽혔는데, 요즘은 접근성이 좋고 임대료가 저렴한 공간을 더 많이 찾는다고 한다.

그렇게 베이스 캠프를 차려 놓으면, 그때부터 본격적으로 사람들이 모여들기 시작한다. 특정 계파에 속해 있는 경우 같은 계파 소속 의원들이 각자 보좌관을 파견하고, 평소 인연이 있던 지역구 당원들에다 어떻게 알고 찾아왔는지 전국에서 모여든 사람들까지 뒤섞여 와글와글 북새통을 이룬다. 한 마디로 큰 장이 들어서는 셈이다. 이렇게 모인 사람들에게 후보 측은 인건비는 못 주더라도 최소한 인근 식당에서 언제든 밥은 먹을 수 있게 해줘야 하니, 또 거기에 돈이 쭉쭉 빠져나간다. 웬만한 배포를 가진 사람이 아니면 없던 위장병도 생길 지경이다.

당 대표 선거가 이 정도인데, 하물며 대통령 꿈을 꾸는 사람들에게는 비용 청구서에 동그라미 두어 개쯤 더 붙는 건 일도 아니다. 참모진도 이름 있는 대학교수나 법조인 같이 소위 '급'이 있는 사람들로 꾸려야 하고, 준비된 대통령이라는 인식을 심어주기 위해서는 수백 명의 각계 전문가들을 자문단으로 묶어내야 한다. 그런 사람들은 일반 당원이나 지지자들과 섞이는 걸 좋아하지 않기 때문에 '○○연구소' 식의 별도 사무실을 마련해주어야 하고, 밥 한 끼를 먹여도 좀 더 고급스러운 걸 대접해야 한다.

이렇듯 사무실 유지비와 식비 등이 모래처럼 빠져나가지만, 이 비용은 오롯이 후보의 몫이다. 아니, 우리 공직선거법과 정치자금법은 한도 내에서 선거비용을 보전해준다고 하지 않았나? 그렇다, 해준다. '선거 비용'에 한해서만 말이다. 즉, 앞서 열거한 비용은 공직선거법이 정한 선거 비용에 포함되지 않는 '선거 이외 비용'이기 때문에 한 푼도 돌려받지 못한다. 돌려받지는 못하는 대신 얼마를 쓰든 그건 후보 재량이다.

그런 면에서 한 때 보수 진영의 대안으로 주목받다가 중도 포기한 반기문 전 유엔사무총장이 기자들을 만난 자리에서 "사무실을 얻는 데서부터 운전기사와 비서 급여까지 모두 나의 자비로 하고 있어서 너무 힘들다"고 푸념한 것도 어느 정도 이해는 된다. 평생 외교관 생활만 해온 반 전 총장으로서는 정치를 하기 위해 돌려받지도 못할 비용이 썰물처럼 빠져나가는 걸 감당하기 어려웠을 듯하다. 안타깝지만, 이 부분은 다른 후보도 마찬가지다. 19대 대선을 준비하는 문재인 후보는 자신이 속해있던 법무법인의 지분을 팔았고, 책의 인세 등도 모두 사무실 운영에 들어간다고 들었다. 이 비용 때문에 후보가 대출을 받는 경우도 흔하다.

그럼 보전받을 수 있는 선거 비용은 어떤 항목일까. 한마디로 정리하자면 '직접적인 선거 운동에 쓴 비용'이다. 선거 비용 중 가장 큰 비중을 차지하는 항목은 역시 홍보비다. 선거 자체가 '후보를 얼마나 많이, 잘 알려내는가'의 싸움이기도 한데, 결국 이게 다 돈이다. 신문·방송 광고, 방송 연설, 현수막 제작, 유세 차량 임차비 등에 들어가는 비용이 실로 막대하다. 전국적으로 현수막을 동네마다 하나씩만 건다고 가정해보라. 그 정도만 해도 10억 원이 넘어간다.

그다음으로는 인건비다. 물론 인건비는 법적으로 선거사무장과 선거연락소장, 회계책임자, 선거사무원에게만 지급하도록 대상이 제한되어 있다. 유니폼을 입을 수 있는 공식 운동원의 수도 제한되어 있다. 그러나 대선 같은 전국 단위 선거는 워낙 많은 인원이 동원되다 보니, 공식적으로 지급되는 인건비만 해도 상당하다.

또한 후보에게 필요한 돈에는 기탁금도 있다. 후보 등록을 할 때 중앙선거관리위원회에 내는 돈인데, 대통령 후보는 3억 원을 기탁해야 한다. 참고로 국회의원 후보의 기탁금은 1,500만 원이다. 국민들의 피선거권을 보다 폭넓게 보장하는 차원에서 이런 기탁금의 기준을 대폭 낮추거나 폐지하자는 주장도 있지만, 후보 난립의 우려 때문에 아직은 계속 유지되고 있다. 그나마 다행인 건 일정 비율 이상을 득표하면 국가에서 이 돈을 다시 돌려준다는 사실인데, 그렇지 못한 군소 후보들의 기탁금은 고스란히 국고로 귀속된다.

돈 없이도 정치할 수 있는 세상은 언제쯤이나

국가로부터 보전받을 수 있는 선거 비용은 국민 한 사람당 950원으로 금액이 따로 정해져 있다. 현재 우리나라 인구를 5천만 명으로 어림잡았을 때, 950원×5,000만 명=475억 원이 법정 선거비용 상한액인 셈이다. 2012년 18대 대통령 선거의 법정 선거비용 상한액은 559억 원이었는데, 선거가 끝난 뒤 중앙선거관리위원회에 신고한 공식 선거비용은 박근혜 후보가 479억 원, 문재인 후보는 450억 원이었다. 이 비용은 선거가 끝난 뒤 회계 보고를 거쳐 국가가 전액 보전해 준다. 이 역시 일정한 비율 이상의 득표를 해야 한다는 조건으로 말이다. 득표율이 15% 이상이면 전액, 10%에서 15% 사이는 반액을 돌려받고, 10% 미만이면 한 푼도 돌려받지 못한다. 기탁금 3억 원을 돌려받는 기준도 이와 같다.

국가에서 지급하는 돈에는 선거보조금이란 것도 있다. 이 돈은 정당보조금과 더불어 국가가 '정당'에 지원하는 정치보조금이다. 보조금 총액은 매해 유권자 수와 소비자물가 변동률을 적용해 산출하는데, 원내교섭단체 여부와 의석수에 따라 지급하는 비율이 다르다. 전체적인 계산 방식은 훨씬 복잡하지만, 일차적으로는 원내 교섭단체에 전체 보조금의 50%를 떼어 의석수에 따라 배분하고, 의석수가 5석에서 20석 미만인 정당은 전체의 5%를, 5석 미만인 정당에는 2%를 지급하는 것이 원칙이다. 이에 따라 2012년 대선에서 새누리당이 받은 선거보조금은 170억 원, 민주당은 160억 원이었다.

솔직히 말하자면 국가에서 보조하는 돈만으로 대선을 치른다는 건 현실적으로 어렵다. 앞서 설명한 보전되지 않는 '선거 이외 비용'뿐 아니라 실제 들어가는 선거비용도 국가 보조금을 가볍게 뛰어넘기 일쑤다. 예전에 선거 자금을 관리한 어느 여권 인사는 "공식 선거 비용으로는 홍보비도 감당이 안 되더라"고 토로한 적도 있다. 과거 김영삼 대통령은 대선 당시 공식 선거 비용으로 284억 원을 썼다고 신고했지만, 노태우 대통령은 자신의 회고록에서 임기 말 같은 당 후보가 된 김영삼에게 선거 자금으로 3,000억 원을 지원했노라고 밝힌 바 있다. 아무리 금권정치가 판을 친 3김 시대였다고 해도 20년 전에 무려 3,000억 원이라니, 국민들의 상식으로는 도저히 용납이 안 될 만도 하다.

요즘 후보들이 부족한 자금을 충당하기 위해 하는 필수 코스는 후원회 조직과 후원금 모금이다. 2002년 노무현 후보에게는 시민들의 '희망 돼지 저금통'이 있었고, 최근 민주당 경선에 나온 이재명 시장은 '흙수저 후원회'를 출범시켰다. 노무현의 돼지 저금통은 대한민국 정치사에서 보통의 시민들이 자신이 지지하는 후보를 위해 기꺼이 주머니를 털었던 사실상 최초의 사례로 기억되고 있다. 그리고 흔히 흙수저로 불리는 서민들로부터 자발적인 후원을 조직해내는 이재명 시장의 방식 또한, 특유의 사이다 발언과 함께 민주당에 대한 일반 시민들의 지지를 끌어올리는 데 크게 기여했다는 점에서 긍정적으로 평가할 만하다. 그 밖에 최근 늘어나고 있는 새로운 모금 방법에는 '정치인 펀드'라는 것도 있다. 선거가 끝난 뒤 선거비용을 보전받으면 약간의 이자를 붙여서 돌려주는 방식이다.

여기서 민주 시민을 위한 팁 하나. 여러분이 정치 후원금으로 기부할 수 있는 연간 총액은 2,000만 원이다. 하지만 정치인 한 사람에게 후원할 수 있는 한도 금액은 500만 원이다. 즉, 500만 원씩 4명의 정치인에게, 혹은 1만 원씩 200명의 정치인에게 후원하는 게 가능하다. 단 대통령 후보의 경우 1,000만 원까지 후원할 수 있다. 세액공제는 10만 원까지 되고, 나머지는 소득공제를 받을 수 있다.

그런데 후원 주체는 자연인으로서의 개인이어야 한다. 현행 법에서 공무원과 법인은 후원이 금지되어 있다. 그럼에도 법인 계좌로 후원금을 보내는 분들이 가끔 있다. 그럴 경우 그 후원금은 즉시 되돌려줘야 할 뿐 아니라 선거관리위원회에 사유서도 써야 한다. 그러니 민주국가의 정치 주체인 독자들이여, 돈이 없어도 정치할 수 있는 시대를 위해 당신이 지지하는 후보를 위해 기꺼이 지갑을 열어 달라. 다만 회사 대표를 맡고 계신 분들께서는 부디 법인 계좌 사용만큼은 자제해 주시기를.

아무튼, 이렇게 십시일반 긁어모아도 늘 부족한 게 선거자금이다. 그래서 후보자는 무슨 수를 써서라도 부족한 자금을 감당해야만 했다. 그걸 할 수 없다면 선거에 뛰어들어선 안 된다고 여겼던 시절이, 여기저기서 돈을 끌어올 수 있는 것도 후보자의 중요한 자질 중 하나로 여겨지던 시절이 우리 정치사에 분명히, 그것도 길게 존재했다. 그러다 큰 변화가 찾아온 건 노무현 대통령이 경선에서 후보 자격을 획득하고 난 뒤부터의 일이었다. 물론 당사자는 그로 인해 온갖 수모를 감내해야 했지만 말이다.

당시 선거기획단이 꾸려진 지 두 달 정도 지났을 때의 일이었던 걸로 기억한다. 하루는 대선 기획단장이던 나와 함께 노무현 당시 후보가 당 대표인 한화갑 의원을 만나러 간 적이 있었다. 그 자리에서 한화갑 대표는 "김대중 대통령 같은 경우엔 후보가 되자마자 선거자금이라며 당에다 거금을 선뜻 내놓았는데, 노무현 후보는 1원 한 장 가져다주지 않으면서 외려 당에다 선거자금 타령만 하고 있으니 대체 선거는 어떻게 치를 셈입니까?"하고 강하게 불만을 토로하는 것이었다.

그리고 그 날 밤, 선거 사무실 방문을 걸어 잠그고 나와 마주 앉은 노 후보는 더 이상 이런 모욕을 감수하면서까지 대통령을 하고 싶은 생각은 없다며 급기야 "후보, 그만할랍니다"라는 말을 입 밖으로 꺼내고야 말았다. 순간 그에 대한 연민과 동시에 아랫배에서부터 뜨거운 불덩이 같은 무언가가 솟구쳐 오르는 걸 느낀 나는 나도 모르게 주먹으로 탁자를 꽝 하고 내리치며 소리쳤다.

"좋습니다! 지금 당장 기자들 불러 모아서 후보 사퇴한다고 선언하세요, 그럼!"

탁자 위를 덮고 있던 유리는 이미 박살이 나 산산조각이 난 채였다.

"당신은 개인으로서의 노무현이 아니지 않습니까? 여기서 지금 그만두면, 그동안 아무것도 아닌 당신을 위해서 저렇게 노란 손수건 두르고 돼지 저금통 들고 뛰어다닌 국민들은 뭐가 됩니까? 꽃샘추위에 손 비비며 어렵게 경선을 치른 당원들 생각은 안 합니까? 도대체 당신이 얼마나 특별하기에 대통령 후보를 하겠다느니 말겠다느니 하는 겁니까?"

그렇게 성난 멧돼지처럼 씩씩거리며 한바탕 울분을 토해낸 나는 내심 '내가 너무 심하게 군 것 아닌가' 하는 불안한 마음에 슬며시 노 후보의 표정을 살폈다. 그의 어깨는 조용히 들썩이고 있었고, 커다란 두 눈망울에서는 눈물이 주르륵 흘러내리고 있었다.

그때의 힘들고 참담했던 기억 때문인지는 몰라도, 그의 당선 이후 후보자가 지출한 선거비용 중 일정 비율을 득표율에 따라 사후에 국가가 보전해주는 것으로 공직선거 및 선거부정방지법이 개정되자, 누구보다 기뻐한 사람이 노무현 대통령이었다. 이제 돈이 없어도 정치를 할 수 있는 세상이 점점 현실로 다가오고 있다는 기대감에서였던 건데, 오늘날의 정치가 과연 그런 기대에 얼마나 부합하는지는 글쎄, 아직은 자신 있게 고개를 들고 그렇다고 이야기할 자신은 없다.

04

"뭉치면 살고 흩어지면 죽는다"
: 후보단일화

선거 때마다 출마선언을 하는 사람은 여럿이지만, 이들이 모두 선거 레이스를 완주하는 건 아니다. 선거 운동을 하는 도중에 레이스를 포기하는 사람도 있고, 후보등록을 하기도 전에 운동장에서 물러 나오는 사람도 있다. 물러 나오면서 이들은 다른 후보를 공식 지지해 자신의 표를 몰아주거나, 그 표를 포기함으로써 암묵적으로 특정 후보에게 유리한 지형을 만들어주기도 한다. 이른바 후보 단일화 과정이 벌어지는 것이다.

대통령이 되는 사람은 오직 한 명이다. 100만 표를 더 얻든, 한 표를 더 얻든, 무조건 표를 더 얻은 사람이 대통령이 된다. 어쨌든 최대한 많은 세력과 표를 끌어와야 이기는 것이다. 따라서 선거가 다가오면 정치 공학적 판단, 혹은 명분에 의해 후보를 단일화하려는 움직임이 안팎에서 일어난다. 근래 자주 등장하는 '빅 텐트Big Tent'니 '스몰 텐트Small Tent'니 하는 용어도 다양한 견해를 가진 정치 세력들이 하나의 테두리 안에서 포괄적으로 연합해 한 명의 후보를 내는 상태를 말한다.

후보 단일화, 실패의 역사

정치사에서 후보 단일화에 대한 논의가 본격화된 건 1987년에 치른 13대 대통령 선거 때다. 당시는 6월 항쟁으로 어렵사리 대통령 직선제 개헌을 이뤄내고 노동자 대투쟁이 정점으로 치달을 무렵이라, 그 어느 때보다 민주 정부에 대한 국민적 열망이 드높았다. 그때 야당인 통일민주당에서는 김영삼과 김대중, 두 사람이 대선 후보가 되기 위해 치열한 경쟁을 벌이고 있었는데, 둘 중 하나가 나가기만 한다면 무조건 대통령이 되는 분위기였다. 하지만 두 사람은 각자 서로 민주 세력의 정통성을 주장하며 후보 선출을 놓고 갈등을 빚었다. 결국, 공식 선거전을 앞두고 김대중이 평화민주당을 창당함으로써 두 사람 모두 독자 출마하는 쪽으로 방향이 굳어졌다.

그리고 그해 12월 16일, 1971년 이후 16년 만에 역사적인 대통령 직선제 선거가 치러졌다. 투표율은 무려 89.2%, 결과는 여당인 민정당 노태우 후보의 어부지리 당선. 득표율은 36.64%였다. 그에 비해 2위였던 통일민주당 김영삼 후보의 득표율은 28.03%, 3위였던 평화민주당 김대중 후보의 득표율은 27.04%로, 두 후보의 득표율을 합치면 55%에 이르렀다. 역사에서 '만약'이라는 단어는 무의미하다지만, 만약 야당 후보 두 사람이 단일화로 힘을 합쳤더라면 12·12 군사쿠데타의 주역이 또다시 대통령 자리에 앉게 되는 불행한 일은 절대 일어나지 않았을 것이다. 이후 김영삼은 1990년 민정당과 통일민주당, 신민주공화당이 하나로 합당한 3당 야합을 거쳐 1992년 대선에서 대통령으로 당선됐고, 맞상대였던 김대중은 두 번의 선거 패배의 책임을 지고 정계 은퇴 선언을 한 뒤 영국으로 떠나게 된다.

후보 단일화, 성공의 역사

반면 노무현 대통령은 후보 단일화에 성공함으로써 극적인 분위기 반전의 계기를 만들어 결국 당선에까지 이르게 된 경우였다. 선거전 초반, 일찌감치 먼저 치고 나간 것은 한나라당의 이회창 후보였다. 그와 노무현, 정몽준이 3자 구도를 이룰 당시에 실시한 각종 여론조사에서 어떤 경우의 수를 가정하더라도 그가 오차범위 밖으로 앞서 있었다.

한 예로, 대선을 50여 일 앞둔 2002년 11월 3일 한겨레신문의 여론조사에서는 이회창 43.2% 대 정몽준 38.3%, 이회창 45.1% 대 노무현 34.8%, 이렇게 각각의 양자 대결에서도 이회창 후보가 모두 앞선 것으로 나타났다. 그러니 3자 대결은 더 말해서 무엇하겠는가. 지지층이 상당 부분 겹치는 노무현과 정몽준 두 사람은 세 명의 후보가 동시에 붙으면 이회창 후보에게 도저히 승산이 없었다.

그래서 두 후보 진영은 치열한 밀고 당기기 끝에 가까스로 단일화에 합의하게 된다. 텔레비전 토론회를 한 차례 연 뒤 여론조사에서 앞선 사람이 후보가 되는 방식이었다. 그런데 단일화 협상이 마무리되기 전만 해도 여론 조사에서는 노무현 후보가 정몽준 후보에게 10% 포인트 정도 뒤지고 있었다. 하지만 그렇다고 단일화를 하지 않으면 이대로 정권이 넘어갈 판이었다. 패배가 불 보듯 예견되는 상황이었지만, 노무현 후보로서는 승부수를 던져보지 않을 수가 없었다. 그런데 이게 웬일. 여론조사에서 노무현 후보가 이겨버린 것이다.

대선을 불과 한 달 앞두고 이렇게 노무현 후보는 단일화로 반등의 계기를 마련했고, 결국 48.91%의 지지를 얻어 46.58%를 얻은 한나라당 이회창 후보를 누르고 대통령에 당선됐다. 물론 선거 전날 밤 정몽준이 우여곡절 끝에 단일화를 철회하기는 했지만, 오히려 노 후보 지지자들을 결집하는 결과만 가져왔을 뿐 결과에는 큰 영향을 미치지 못했다.

직전 대선에서의 DJP 연합도 일종의 성공한 단일화라 볼 수 있겠다. 대선 레이스가 본격화되기 훨씬 전에 이뤄진 당 차원의 연합이었다는 점에서 다르기는 하지만, 결국 선거 승리를 목표로 이질적인 세력들이 손을 잡은 경우니만큼 그 본질은 같다. 먼저 김대중 당시 새정치국민회의 총재는 대선을 일 년 반 정도 앞둔 1996년 봄에 김종필 총재가 이끌던 자유민주연합과의 정책 공조를 추진한다. 정치적 성향이 극과 극인 두 당의 연합이었기 때문에 김대중 총재는 이에 관한 이론적 연구를 당에 주문해 유럽의 연립정부 사례를 근거로 확보한 뒤, 정치적인 만남을 통해 연합을 성사시켰다. 사람들은 이를 가리켜 김대중과 김종필, 두 사람의 영문 머리글자를 따 DJP 연합이라 불렀다.

합의의 핵심적인 내용은 '김종필 총재를 국무총리로 하고, 총리가 경제부처의 임명권을 가지며, 수도권 광역단체장 중 한 명을 자유민주연합 소속으로 한다'는 것이었다. 이로 인해 집권 후 권력의 적지 않은 부분을 쪼개 주어야 했지만, 김대중 총재로서는 DJP 연합이 충청과 TK 지역으로의 표의 확장을 가져다

줘 이후 대선 승리에 아주 큰 역할을 한 게 사실이었다. 오랫동안 그를 따라다닌 색깔론의 꼬리표도 상당 부분 극복할 수 있었고 말이다.

현행 선거 제도에서 단일화를 피할 수 없는 이유

사실 서로 다른 정당의 후보들끼리 하나로 합치는 단일화는 덮어놓고 부정적으로 보자면 비판할 거리가 한둘이 아니다. 강령과 이념이 전혀 다른 정당이나 세력끼리 손을 잡을 때는 더욱더 그렇다. 오로지 선거에서 이기기 위한 정략적 계산이니, 원칙 없는 이합집산이니 하는 비판이 얼마든지 가능한 것이다. 그러나 민주주의와 역사 발전이라는 보다 큰 상위의 가치를 놓고 보면, 현실 정치에서 단일화가 때로 절실한 시대적 요구가 될 수도 있음을 절대 간과해서는 안 된다. 앞서 언급한 1987년 대선이 그랬고, 1997년 대선이 그랬으며, 2002년 대선도 마찬가지였다. 즉 민주주의와 평화, 인권의 가치에 반하는 세력의 집권을 막기 위해서는 어쩔 수 없는 선택이란 측면이 있는 것이다.

또한 단일화는 단 한 번의 선거로 당선자를 결정하는 지금의 대통령 선거 제도에서는 앞으로도 계속 되풀이될 수밖에 없는 선택이기도 하다. 어차피 대선은 '승자독식Winner takes it all'인 제도라, 1위를 차지하기 위한 후보들 간의 합종연횡은 필연적이기 때문이다. 그래서 최근 일각에서는 1차 투표에서 과반수 득표자가 나오지 않으면, 1위와 2위 후보자를 대상으로 2차 투표를 치르는 결선 투표제를 도입해야 한다는 주장이 대두하는 것으로 알고 있다. 충분히 근거 있고, 논의해볼 가치가 있는 주장이다.

그러나 대선을 두 번씩 치러야 하는 물리적 비용의 측면에서나, 근 일 년 가까이 온 나라가 선거 체제를 유지해야 한다는 사회적 비용의 측면, 그리고 한 번 1위를 차지했던 후보가 또다시 선거에 나서야 한다는 정서적 거부감의 측면에서 볼 때 아직은 시기상조라는 반론도 만만치 않은 게 사실이다. 따라서 현행 제도의 틀을 유지하면서도 조직과 지지율에서 밀리는 군소 정당의 후보가 대선 과정에 참여할 수 있는 길을 열어주고, 대통령 당선인이 과반수가 넘는 유권자들의 선택을 받아 민주적 정당성을 확보할 수 있도록 하는 방안을 마련하는 게 보다 현실적이지 않을까 한다.

05

이기려면 파도에 몸을 실어라
:대통령이 되는 사람

"누가 선거에서 승리하는가?"

이 질문에 대한 답을 꼽아보자면 일단 손가락을 부지런히 놀릴 생각을 해야 한다. 후보자의 인간적인 매력과 우수한 자질, 시계태엽처럼 착착 맞물려 유기적으로 돌아가는 조직, 손맛 좋은 한정식 요리사가 요리해낸 듯 유권자의 입에 딱 들어맞는 정책, 그리고 그 정책을 맛깔나게 선거라는 밥상에 차려놓는 홍보 기술 등등 꼽을 게 한둘이 아니기 때문이다.

그럼 그런 것들만 잘 준비하면 어떤 후보든 대통령에 당선될 수 있는 걸까? 땡, 애석하게도 아니올시다. 대통령 후보와 참모들이 아무리 노련한 항해술을 익히고 튼튼한 돛을 달아 열심히 노를 저어도, 바람의 방향을 제대로 읽고 파도의 흐름에 순응하지 못하면 배는 결코 목적지에 가 닿을 수 없다. 그리고 대통령 선거에서 파도는 곧 국민이요, 바람은 곧 시대정신이다. 바로 당대 국민의 염원과 시대정신에 딱 들어맞는 후보가 결국은 최종 승자일 확률이 높다.

군정 종식 → 평화적 정권 교체 → 3김 정치 청산

이는 대한민국의 역대 대통령 선거를 찬찬히 복기해 보면 금세 고개가 끄덕여질 대목이다. 일단 시간 순서대로 한번 살펴보자. 먼저 1992년 대선에서 김영삼 후보가 김대중 후보를 꺾고 대통령에 당선됐다. 같은 해 김대중 후보가 이끌던 민주당 소속 초선 의원으로 막 국회에 첫발을 들여놓았던 나는 처음엔 충격을 금할 수가 없었다. 김대중 후보는 대통령으로서의 모든 자질을 갖췄고 우리 민족사에 더없는 의미를 지닌 지도자인데, 국민들은 왜 김대중이 아니라 3당 야합으로 군부 독재자들과 손잡은 김영삼을 택했을까. 거리를 지나는 낯모르는 시민들을 붙잡고 따져 묻고 싶을 정도로 억울하고 또 억울했다.

그러나 오랜 시간이 흐른 지금, 나는 그 답을 알 수 있을 것 같다. 당시 김대중으로의 정권교체는 30년 넘게 군부 독재 치하에 살면서 칠흑 같은 어둠에 익숙해져 있던 국민들에게는 터널 끝에서 한꺼번에 쏟아지는 빛과 같이 감당하기 힘든 변화로 느껴졌을 것이다. 그리고 변화는 그 크기와 강도에 비례해 언제나 불안을 동반하는 법. 따라서 국민들은 너무나 갑작스러운 변화 대신 군정 종식이라는 작은 변화를 선택한 것이었고, 그것이 그 시대의 시대정신이었다.

그러고 5년 뒤인 1997년에 국민들은 비로소 김대중을 선택했다. 김영삼 대통령의 하나회 숙청으로 군부독재로의 회귀 가능성이 사라진 걸 확인한 뒤, 이제는 대한민국도 평화적인 정권교체라는 여태껏 한 번도 경험해보지 못한 새로운 길로 들어설 때가 됐다고 판단한 것이다. 독재라는 묵은 때를 완전히 벗겨내고, 민주주의라는 새 옷으로 깔끔히 갈아입은 다음 IMF 구제 금융으로 나락에 떨어진 나라를 다시 일으켜 세워보자는 국민적 공감대가 형성된 것이다.

그럼 2002년에 노무현 정권을 탄생시킨 시대정신은 뭐였을까? 그것은 바로 '3김 정치'의 청산이었다. 그때까지 대한민국의 정치 문화는 김대중과 김영삼, 김종필을 각각의 축으로 한 3김 식 정치가 완전히 주도하고 있었고, 그 핵심은 1인 보스 중심의 권위주의 체제, 금권 정치, 지역주의, 이 세 가지였다.

물론 하나같이 극복해야 할 부정적인 유물들이었지만, 과거 군부 독재 치하에서는 그것들이 나름대로 힘을 발휘할 수밖에 없었던 맥락들이 분명히 있었다. 대화와 타협 자체가 불가능한 정치군인들에게 맞서려면 야당도 군대와 마찬가지로 총사령관인 지도자 한 사람을 중심으로 일사불란하게 움직여야 했고, 야당 활동을 한다는 이유로 밥벌이 수단까지 완전히 차단당한 당원과 지지자들을 흔들림 없이 이끌고 가려면 돈이 필요했으며, 어느 날 갑자기 쥐도 새도 끌려가 군인들에게 죽임을 당하지 않으려면 보호막이 되어 줄 지역 기반의 존재가 필수적이었던 것이다. 그러나 절차적 민주주의의 확립을 위해서는 그런 3김식 정치는 청산되어야 할 과거의 부정적 유물임이 분명해졌고, 그것이 그 시대의 간절한 요구이자 대한민국호號가 거슬러서는 안 될 바람의 흐름이었다.

그리고 노 대통령은 그런 시대정신에 충실하고자 노력한 지도자였다. 초대 비서실장과 여당 대표 출신으로서 장담하건대, 재임 동안 노 대통령은 당의 공천에는 일절 개입하지 않았다. 행여 지나가는 말로라도 "그 사람이 참 쓸 만하던데, 후보로 한번 검토해보면 어때요. 아니, 꼭 그 사람을 시키라는 건 아니고……"하는 식으로 언질을 준 적도 없었다. 그러니 공천을 대가로 정치 지망생들에게 돈을 받을 일도 없었고, 최근의 누구처럼 재벌 총수를 청와대로 불러서 독대하며 뭉칫돈을 요구할 일도 없었다.

무엇보다 이미 재임 전인 2000년에 당선 가능성이 높던 서울 종로를 마다하고 '지역주의의 벽을 넘겠다'며 부산에 출마해 떨어진 적이 있는 그 '바보'는 지역주의 청산을 자신의 일생의 과업으로 여겼다. 그 때문에 2005년 당시 한나라당 박근혜 대표에게 대연정까지 제안했다가 단칼에 거부당하고 되레 여당 내에서 자중지란만 불러일으켰다는 비판을 받긴 했지만, 자신의 권력을 나눠주면서까지 지역주의 타파를 바랐던 그의 진정성만큼은 추호도 의심할 수 없다.

바람을 거스르면 배는 난파한다

그러나 이 대목에서 독자들 가운데는 아마 속으로 내게 이렇게 따져 묻고 싶은 이들도 많을 것이다. "그럼 이명박과 박근혜도 시대정신에 딱 들어맞아서 대통령이 된 거란 말이오?"하고 말이다. 나는 이렇게 대답하고 싶다.

> "맞습니다. 하지만 그 사람들은 대통령이 된 뒤로 시대정신이라는 바람의 반대 방향으로 배를 몰아 나라가 이 지경이 된 거지요."

나는 이명박 대통령과 개인적으로 무척 가까이 지낸 때가 있었다. 14대 국회 시절, 우리 두 사람은 각각 국회에 처음 들어와 똥인지 된장인지도 모르고 좌충우돌하며 여의도 정치를 하나씩 익혀가는 중이었다. 그러다 보니 당을 떠나 같은 초선 의원으로서 동병상련을 느끼며 밤늦도록 술잔을 기울이는 일이 잦았다. 그때 그에게서 받은 느낌은 '참 포부가 크고 원대한 사람이로군' 하는 것이었다. 그는 현대건설에 다니던 시절의 경험을 이야기하며, 우리나라가 좁은 반도를 벗어나 저 먼 유라시아까지 뻗어 나가는 꿈을 시시때때로 끄집어내곤 했다. 이는 대한민국이 주도적으로 세계 역사를 이끌어나가는 나의 '팍스 코리아나Pax Koreana' 구상과 일맥상통한 점이 많았다.

그리고 시간이 흘러, 그는 이 나라의 17대 대통령 선거에 입후보해 당선됐다. 그때 그의 당선을 가능하게 했던 요인은 딱 한 단어, '경제'로 요약된다. 그러나 그는 자신을 당선시킨 국민들의 시대적 요구를 완전히 잘못 짚었다. 전임 김대중 대통령은 IMF 외환위기를 지혜롭게 잘 극복했고, 노무현 대통령은 연평균 4%가 넘는 높은 경제성장률을 이룩했다. 하지만 경제지표 상의 숫자와는 달리, 빈익빈 부익부 현상이 심해지면서 상위의 소수에게만 성장의 과실이 돌아가고 일반 국민들의 삶은 갈수록 팍팍해지는 부작용을 낳았다. 그래서 경제는 경제이되, 구체적으로는 아랫목의 온기를 방 안 전체로 돌게 하는 경제민주화와 복지, 그리고 앞선 두 정권에서 이뤄놓은 남북관계 개선을 통일로까지 이어지게 하는 것이 그 당시도 그렇고 지금도 유효한 시대정신이라고 나는 믿는다.

그런데 그는 경제를 성장시키면 막연히 국민들의 삶이 더욱 나아질 거라고 착각했다. 한때 남한에서부터 북한을 거쳐 시베리아 대륙을 넘어 유라시아까지 뻗어 나가는 꿈을 꿨던 사람이 5·24 조치로 남북 관계를 싹둑 끊어 버렸다. 대신 회사를 경영하는 CEO처럼 기업의 수익을 창출하는 프로젝트만 남발해 멀쩡한 강바닥을 파헤치고 망해가는 외국의 유전과 광산을 사들이는 데 열중했다. 무릇 대통령에게는 이윤보다는 법치주의와 대의 민주주의에 대한 이해, 자유와 평등이라는 가치에 대한 존중, 약한 사람들을 위한 연민과 국민 통합 능력, 미래를 바라보는 통찰력이 더 중요함에도 그는 자신의 능력을 과신하고 쓸데없는 데다 국력을 낭비하는 바람에 5년이란 시간을 허비했다.

반면 박근혜 후보가 경제성장이 아닌 경제 민주화를 내세우고 당선된 것은 시대정신에 부합하는 아주 올바른 선택이었다. 당시 보기 좋게 의제를 선점당한 우리 야당이 "저거 원래 우리 건데"라고 뒤늦게 손을 흔들었지만, 버스는 이미 출발한 뒤였다. 그러나 문제는 박 대통령이 취임 후 자신의 공약을 호떡 뒤집듯 바로 뒤집어 버렸다는 데 있다. 대기업 총수 일가의 불법 및 사익편취 행위를 근절한다더니 그 사익을 자신과 최순실이 나눠 가지고, 국민연금의 의결권을 강화한다더니 국민들의 미래가 달려있는 연금을 수천억씩 날려가며 재벌 3세의 경영권 승계를 위한 거수기 노릇을 떠맡았다. 집단 소송제, 집중 투표제 같은 공약들의 경우 아마 자기 공약집에 들어가 있는지도 몰랐던 게 아닐까 싶다.

이렇듯 매번 치러지는 대통령 선거에서 당락을 가르는 충분조건은 결국 잔재주와 정치 공학적 계산이 아닌, 당대의 시대정신에 얼마나 부합하고 충실할 수 있느냐의 여부다. 물론 거짓 공약들을 앞세우고 시장에서 어묵을 씹으며 연출한 이미지로 대통령에 당선될 수 있을지는 모른다. 우리는 지금 그런 선례를 참담한 심정으로 지켜보고 있으니 말이다.

그러나 정치 주체로서의 개인은 물방울처럼 서로 나뉘어 있을지 몰라도, 그 개인의 총합인 국민은 물방울이 모여 이뤄진 거대한 파도다. 군주민수君舟民水. 군주는 배고, 민심은 물이다. 물은 배를 띄울 수도 있지만 뒤집을 수도 있다. 그러니 대통령이 되려는 사람은 일단 이 파도에 올라타야 한다. 여러 명이 같이 올라타면 그중에서는 누가 대통령이 되느냐고? 앞에서 말했지 않나. 대통령이 되려는 사람에게 또 하나 빼놓을 수 없는 건 권력의지라고. 시대정신이 히말라야 산맥이라면, 대통령은 에베레스트다. 에베레스트 산이 세계 최고봉일 수 있는 이유는 세계의 지붕인 히말라야 산맥에 위치해 있기 때문이다. 그러나 8,000m가 넘는 히말라야 산맥의 높디높은 14개 고봉 중에서도 8,848m 높이의 에베레스트가 단연 가장 높을 수 있었던 이유는 그만큼 더 높이 솟아오르고자 하는 의지가 있었기 때문이다. 시대정신이라는 히말라야 산맥을 토대로 에베레스트만큼의 권력의지를 지닌 사람, 그가 결국 대통령이 된다.

대통령의

시간

01

5년의 밑그림을 부탁해
: 인수위원회

대통령은 임기를 시작한 뒤 100일 안에 본격적인 국정 운영에 필요한 모든 준비를 해놓아야 한다. 그리고 당선 전부터 머릿속에 그려놓았던 핵심적인 개혁 구상은 지지율이 높고 권력의 구심력이 가장 강할 수밖에 없는 임기 첫 1년 안에 실행에 옮겨야 한다.

이를 가장 잘 실천한 인물은 김영삼 대통령이었다. 그는 임기 초반에 금융실명제와 공직자 재산 공개, 하나회 숙청, 대통령 안가와 중앙청을 허무는 역사 바로 세우기 작업 등을 속전속결로 추진해 마무리 지었다. 그 덕분에 취임 첫해인 1993년 2, 3분기 그의 지지율은 무려 83%에 달했고, 이는 고스란히 남은 임기 동안 국정운영의 동력이 되어 주었다. 이와는 대조적으로 이명박 대통령은 임기 첫해인 2008년 미국산 쇠고기 수입에 반대하는 촛불 시위로 인해 초반부터 국정운영의 동력을 상당 부분 상실했고, 그것은 남은 임기 내내 큰 부담으로 작용했다.

이렇게 임기 첫 1년 안에 개혁 작업을 시작하고 끝내려면, 무엇보다 대통령직 인수위원회의 역할이 중요하다. 직선제가 부활한 13대부터 18대 정부 때까지는 12월 16일에서 19일 사이에 당선인이 결정되면 취임식을 하는 2월까지 약 70여 일의 시간이 주어졌다. 이 기간에 대통령 당선인은 5년의 긴 여정을 떠날 채비를 하게 되는데, 주로 국정 운영의 목표를 세우고 공약을 가다듬으며 함께 일할 청와대 비서실 조직을 구성하는 일에 몰두한다. 뿐만 아니라 장·차관급 인사 100여 명을 포함해 모두 500여 명에 이르는 고위직 공무원들을 임명하는 것도 결코 빼놓을 수 없는 일이다. 5년 국정운영의 큰 밑그림이 그려지는 것이다.

그래서 당선인은 대통령직 인수위원회의 위원들을 임명하는 것으로 본격적인 업무의 시동을 건다. 드디어 선거운동 모드에서 국정운영 모드로 스위치를 전환하는 것이다. 인수위원들의 구성은 당선인의 성향과 스타일에 따라 확연히 달라지는데, 사실상 정권 인수 과정이 처음 시작된 김영삼 당선인 시절엔 위원 전원이 전·현직 국회의원으로 채워졌고, 김대중 당선인도 27명 중 26명을 정치인들로 임명했다. 그러나 노무현 당선인은 정반대로 임채정 위원장과 이병완 간사, 관료 출신인 김진표 부위원장을 제외하고는 대부분 선거 때 정책자문단에 속해 있던 교수나 전문가들로 인수위원회를 꾸렸다. 정치가 아닌 정책으로 승부를 보겠다는 당선인의 의중이 읽히는 대목이다. 이명박과 박근혜 당선인은 정치인과 교수가 비슷한 비율로 포진돼 있었던 것으로 기억한다.

이름 짓고 할 일 정하면, 드디어 출발!

이들이 모여서 하는 일은 첫째로 차기 정부의 명칭을 정하는 일이다. 이는 단순히 멋있고 입에 착 달라붙는 이름을 정하는 작업이 아니다. 우주의 기운을 빌리기 위해 무당이나 작명소를 찾을 필요도 없다. '내가 그의 이름을 불러주었을 때 그는 나에게로 와서 꽃이 되었다'는 김춘수 시인의 시처럼 국민들에게 '잊혀지지 않는 하나의 의미'로 남을 국정철학이 담긴 딱 한 단어, 그걸 정하는 거다. 물론 이명박과 박근혜 정부처럼 명칭을 따로 정하지 않은 정권은 그런 걱정을 안 해도 되겠지만 말이다.

김대중 대통령의 '국민의 정부'라는 명칭은, 쑥스럽지만 내

머리에서 나온 아이디어였다. 링컨 미 대통령의 저 유명한 '국민의, 국민에 의한, 국민을 위한 정부'라는 게티즈버그 연설 구절 가운데, 국민이 직접 뽑았으니 '국민에 의한' 정부라는 건 이미 기정사실이 됐고, 국민을 위하지 않는 정부란 존재할 필요가 없으니 '국민을 위한' 정부는 두말하면 잔소리다, 따라서 계급과 지역의 차별 없이 주권재민을 원칙으로 한 국민의 정부가 되자, 인수위원회의 주요 참모들이 모인 자리에서 그렇게 열변을 토했더니 아무도 반대하는 사람이 없어 만장일치로 채택된 것이다.

한편 일전에 김용철 변호사가 쓴 『삼성을 생각한다』란 책을 읽어보니, 참여정부라는 명칭은 삼성의 구조조정본부 팀장 회의에서 나온 게 채택된 것이라는 주장이 적혀 있던 것으로 기억한다. 하지만 이는 사실이 아니다.

물론 정부가 출범하기 전, 이광재 당선인 기획팀장이 삼성 경제연구소에서 작성한 보고서를 가져온 건 사실이었다. 그러나 실제로 그는 각종 국책기관과 연구소들이 작성한 여러 종의 보고서들을 가져왔었고, 삼성의 보고서는 그중 하나였을 뿐이다. 다만 그것들을 돌려본 인수위원과 참모들이 '그래도 삼성 게 제일 낫긴 낫네' 하고 평가한 정도였다. 그리고 그런 보고서들을 참고한 건 우리나라의 미래 산업과 국정과제 구상에 참고하기 위함이었지, 명칭 하나 스스로 정하지 못해서가 아니었다.

참여정부라는 명칭은 인수위 전체회의에서 기획조정분과가 내놓은 '국민 참여 정부'란 명칭에서 국민을 떼자는 이정우 교수의 제안을 노무현 당선인이 받아들여 최종적으로 결정했다는 게 진실이다. "노무현 정부는 국민의 자발적이고 능동적인 참여를 통해 탄생한 정부이며, 노무현 정부의 등장은 우리 사회가 진정한 국민 주권시대, 시민 주권시대로 들어섰음을 보여주는 핵심징표라고 할 수 있다. 이런 의미에서 노무현 정부는 '참여정부'이다"(참여정부 국정 비전과 국정과제 p.6)란 결론은 치열한 내부토론과 당선인의 철학의 산물이었던 것이다.

인수위원회에서 그다음으로 하는 역할은 국정 비전과 국정과제를 다듬어 제시하고, 수많은 공약 가운데 실행에 옮길 우선순위를 정하는 일이다. 이건 정무, 외교와 통일안보, 경제, 사회문화 같은 각 분과별로 나뉘어 이전 정부의 업무와 국정 현안을 파악하고, 그중에서 앞으로도 이어받을 정책, 폐기해야 할 정책, 새로운 정책들을 분류해 정리하는 식으로 이뤄진다.

참여정부 준비 시절에는 당대의 내로라하는 전문가들이 각자의 전공분야에 배치돼 치열한 토론과 논쟁을 벌이곤 했는데, 옆에서 지켜보는 나도 그들의 열의와 열정에 혀를 내두를 정도였던 기억이 생생하다. 그리고 노무현 당선인도 중요한 회의는 직접 주재하거나 참석해 토론에 동참하곤 했으며, 때로는 "이건 공약으로 내걸긴 했지만, 도저히 실현 가능성이 희박합니다"와 같은 직언들이 오가기도 한 것으로 안다.

마지막으로 인수위원회에 주어진 역할은 대통령 취임식 행사의 준비다. 전통적으로 대통령 취임식은 국회의사당 앞마당에서 열린다. 그 날은 국회 도서관과 의원회관 창문의 모든 커튼을 절대로 열지 못하게 하고, 저격수가 주위 건물의 옥상 곳곳에 배치된다. 당선인과 국내외 귀빈들의 안전 때문이다. 국회를 중심으로 서여의도에 65m 이상의 고층빌딩이 전혀 들어설 수 없게 법으로 규정되어 있는 것도, 취임식과 이후 국회 연설을 위해 드나드는 대통령의 안전을 고려한 측면이 가장 크다.

하지만 이번에 19대 대통령 선거의 당선인이 결정된 뒤에는 이와 같은 인수위원회의 역할과 활약상을 볼 수 없게 되었다. 헌법재판소에서 박근혜 대통령의 탄핵소추안을 인용함으로써 정권 인수 과정을 생략하게 됐기 때문이다. 따라서 선거에 임하는 정당들은 당선 이후까지를 내다보고, 취임 후 차질과 혼선을 빛지 않도록 일찌감치 지혜를 모아야 한다. 다시 강조하지만, 취임 후 100일과 1년을 놓치면 나머지 4년도 꼬여버릴 수밖에 없음을 반드시 명심해야 한다.

02

대통령의 인사권은 어디까지일까
: 인사권 I

대통령은 대한민국을 대표하는 국가 원수이자 행정 수반이며, 군 통수권자에다 헌법의 수호자다. 참, 듣기만 해도 엄청난 무게와 권위가 느껴지는 자리다. 실제로 공화국의 시대에 '제왕적'이라는 봉건시대에나 어울릴 법한 말까지 앞에 붙을 정도로 현행 헌법 아래서 우리 대통령의 권한은 막강하다. 그렇다면 그렇게 막강한 힘은 어디서부터 비롯되는 것일까. 당연히 일차적으로는 만 19세 이상 국민들의 직접 투표로 선출됐다는 민주적 정당성을 첫손에 꼽을 수 있다. 이 나라 100만 공직자들 가운데 그런 정당성을 부여받은 이는 그 누구도 없다.

그리고 그다음으로 꼽을 수 있는 게 인사에 대한 권한이다. 헌법 78조는 "대통령은 헌법과 법률이 정하는 바에 의하여 공무원을 임면한다"고 규정하고 있다. 여기서 말하는 법률은 국가공무원법이다. 헌법과 국가공무원법, 정부조직법에 따르면, 대통령은 내각 등 고위 공무원단, 헌법기관, 공공기관, 검찰과 경찰 고위직 같은 특정 직위에 대한 임명과 면직 권한을 갖고 있다. 정 기관 소속 5급 이상 공무원 및 고위 공무원단에 속하는 일반직 공무원은 소속 장관의 제청으로 인사혁신처장과 협의를 거친 후 국무총리를 거쳐 대통령이 임명장을 준다. 임명뿐 아니라 휴직, 전직, 징계처분 등과 파면권도 대통령에게 있다.

7천 명+α의 책상을 빼버릴 수 있는 대통령

좀 더 구체적으로 들어가 보자. 2017년 현재 박근혜 정부 하에서의 고위 공직자는 장관급 27명에 차관급 90명을 더해서 모두 117명이다. 대법원장을 비롯해 대법관 14명, 헌법재판소장과 헌법재판관 9명, 중앙선거관리위원회 위원 3명 등 헌법기관 고위직 26명도 대통령이 임명한다. 거기에다 3급 이상 정부부처 고위공무원 1,500여 명에 검찰은 검사 이상, 경찰은 경정 이상, 외무 공무원은 참사관 이상, 그리고 국립대 총장 44명도 교육 공무원이므로 모두 대통령에게 임명장을 받는다. 이 인원을 모두 합치면 그 수가 무려 약 7천 명에 달한다.

그뿐만이 아니다. 17개 공기업 기관장과 감사, 29개 준정부 기관과 18개 기타 공공기관의 기관장 및 위원에 대한 인사권도 대통령의 몫이며, 직접 임명장을 주지 않더라도 대통령이 간접적으로 영향력을 행사할 수 있는 자리까지 합치면 대통령의 인사권이 미치는 자기장은 훨씬 더 넓어지고, 그 자기력 또한 더욱 막강해진다.

한번 상상해보라. 직장인들이 금요일 저녁에 진작 자기 일 다 끝내 놓고도 기러기 아빠인 부장이 퇴근할 때까지 자리를 지키고 앉아 있는 이유가 뭔가. 부장의 한 마디가 나의 인사고과에 직접적인 영향을 미치고, 때에 따라서는 밥벌이 수단인 일자리를 잃을 수도 있다는 불안감 때문 아니겠는가. 하물며 그 어렵다는 행정고시 패스하고 수십 년간 국가를 위해 봉사했던 문화체육관광부 국장이 "참 나쁜 사람이라던데"라는 대통령의 말 한마디에 항변 한번 제대로 못 하고 공직에서 물러나야 하는 걸 지켜본 공무원들 처지에서는 대통령이 얼마나 무섭게 느껴지겠는가!

따라서 대통령의 제왕적 권력을 분산시키기 위해서는 대통령의 임면권 자체는 그대로 두더라도 최소한 인사 기준과 절차, 검증에 관해서 만큼은 여러 사람의 의견이 반영될 수 있도록 제도화함으로써 공정성을 끌어올리는 게 아주 중요하다. 바로 그런 취지로 만들어진 게 국민의 정부 때 설치된 중앙인사위원회, 참여정부의 장관 인사 추천제와 청와대 인사위원회였다.

그러나 안타깝게도 그런 시스템들은 이명박 정부로 접어들며 모두 무용지물이 돼 사라져 버리고 말았다. 이른바 전임 정권의 흔적 지우기 차원이었던 건데, 그 바람에 이명박 정부는 출범 후 첫 내각 구성 과정에서 이춘호 여성부 장관 후보자, 박은경 환경부 장관 후보자, 남주홍 무임소 장관 후보자, 이렇게 세 명이 모두 부동산 투기 의혹으로 줄줄이 낙마하는 참사를 빚었다. 참여정부의 인사검증 매뉴얼을 아예 들춰보지도 않았다는 이야기다. 그 뒤를 이은 박근혜 정부의 인사 난맥상은 이루 말로 표현할 수 없을 정도였다. 검증 절차와 시스템이 완전히 무너진 것이다. 그 구체적인 실상이 오늘날 박근혜·최순실 국정농단 사태를 통해 하나둘씩 드러나고 있는 셈인데, 네 편 내 편을 떠나 한때 청와대에 몸담았던 사람으로서 실로 참담함을 금할 길이 없다.

역대 대통령의 인재 찾기

한 편 역대 대통령들의 인사 스타일을 한 번 비교해보는 것도 흥미로운 일이 될 것이다. 내가 아는 한 김영삼 대통령은 인사에 있어서 보안을 가장 중요하게 여긴 인물이었다. 속으로 낙점해놓은 인물도 미리 신문에 하마평이 오르내리면 그날로 단칼에 후보군에서 지워버렸다. 심지어 여론이 긍정적이라 하더라도 예외는 없었다.

반면 김대중 대통령은 여론의 동향에 아주 민감하게 반응했고, 또 그걸 선제적으로 활용한 경우였다. 예를 들어 개각을 앞두고 있다 치자. 그럼 먼저 장관 후보들의 명단을 슬쩍 언론에 흘렸다. 그래서 여러 후보 중 자신이 마음에 두고 있던 후보의 평판이 가장 좋으면 그냥 그 사람으로 결정했다. 하지만 평이 서로 엇갈리는 경우엔 민간업체에 의뢰해 여론조사를 실시했다. 그런데 간혹 자신이 선호하던 후보가 여론조사에서 뒤지는 경우도 있었다. 그때 조언을 구했던 대상이 있었으니, 다름 아닌 동교동계 측근들이었다.

당시 권노갑과 김옥두 전 의원을 비롯한 동교동 출신 인사들은 DJP 연합으로 탄생한 정권의 성공을 위해 자진해서 정부 내 아무런 요직도 맡지 않고 2선으로 물러나 있었다. 대통령은 그런 그들에게 인사에 관한 마지막 의견을 묻고 청취하는 것이다. 물론 최종적인 결정은 대통령의 몫이었다. 다만 언론과 일반 국민 여론, 그리고 오랜 기간 민주화 운동의 험로를 함께 걸어온 측근이자 동지들, 이렇게 세 단계에 걸쳐서 치밀한 확인 과정을 거치는 것이다.

참고로, 나 역시도 대통령의 그런 치밀함의 수혜자라면 수혜자였다. 내가 국민의 정부 초대 정무수석으로 물망에 올랐을 때, 김 대통령의 본래 의중은 내가 아니라 영국 체류 시절 동행했던 이강래 당 정책연구 실장이었다고 한다. 그러나 여론조사와 측근들의 의견을 거친 결과 내가 최종적으로 발탁이 된 것이다. 굳이 내 경우가 그랬다는 게 아니라, 대통령이 인사권이라는 칼을 휘두르기 전에 신중에 신중을 기할수록 그 칼에 자칫 자신이 베일 확률이 그만큼 줄어드는 건 어쨌든 사실이라 생각한다.

그에 비해 노무현 대통령은 인사의 투명성과 공정성을 높이기 위해 기준과 절차, 검증 과정을 시스템화하는 데 관심이 많았고, 또 그만큼 노력을 기울였던 대통령으로 기억된다. 방금 김대중 대통령의 인사를 가리켜 치밀하다고 표현하긴 했지만, 결국엔 대통령 한 사람의 개인기에 좌우되는 3김 시대 정치의 전형적인 틀을 벗어나지 못했다는 점만큼은 부정할 수가 없다. 그래서 노 대통령은 축구로 비유하자면 대표팀 감독이 후보 선발부터 검증까지 전적으로 알아서 선수를 선택하는 게 아니라, 협회 내에 기술위원회를 두고 그들의 추천과 검증을 거친 뒤 선수를 선발하는 진일보한 방식을 택했다.

구체적으로, 맨 먼저 인수위원회 시절에는 5단계의 절차를 거치는 장관 인사 추천제를 도입했다. 1단계로 국민 참여센터를 통해 인물들을 추천받고, 외부 인사 4명씩으로 구성된 분과별 추천위원회라는 2단계를 거쳐, 3단계로 인수위원회 자체적으로 정밀심사를 벌이고, 4단계로 검증작업을 마무리한 다음 당선인과 총리 내정자가 협의해 장관 후보자를 최종적으로 결정하는 것이다. 그리고 정부 출범 이후에는 청와대 내에 인사수석 비서관직을 신설했다. 이전까지는 민정수석 비서관이 추천과 검증을 모두 담당했는데, 한 사람이 둘 다 담당하는 건 비합리적이고 공정치 못하다는 대통령의 의중이 녹아든 결과였다. 즉, 인사수석은 추천을 하고, 민정수석은 검증을 해서 가장 적합하고 타당한 인물을 내놓으라는 거였다.

다음으로는 비서실장을 위원장으로 해서 정무수석과 민정수석, 인사수석, 정책실장으로 구성된 인사위원회도 만들었다. 여기서는 적재적소, 공정과 투명, 자율과 통합, 견제와 균형이라는 원칙에 따라, 추천 인물에 관한 자료를 검찰과 경찰, 국정원, 국세청 등에서 넘겨받아 재산과 병역, 부동산 거래, 납세, 위장 전입과 음주운전 여부 따위를 촘촘히 검증했다. 후임자와 차기 정부를 위해 검증 절차와 내용을 매뉴얼로 만드는 작업도 빼놓지 않았고 말이다.

정권 후반기에는 내가 청와대를 떠나 있어서 확인해줄 수 없지만, 초기에는 이 인사위원회가 얼마나 엄격하게 제대로 굴러갔는지를 보여주는 대표적인 일화 두 가지가 있다. 인사위원회에서는 지역 안배를 위해 경찰청장과 국세청장은 영남과 호남 출신으로 각각 정한다는 방침을 세워놓았는데, 마침 경남 창원 출신인 나의 매제가 경찰청장 후보로 유력한 물망에 올라 있었다. 그런데 그때 단호하게 반대하고 나선 이가 있었으니, 바로 문재인 당시 민정수석이었다. 그는 사슴같이 선한 눈망울을 똑바로 뜨면서 단호하게 말하는 것이었다.

"경력으로도 제일 낫고 평가 점수도 가장 높지만, 절대 안 됩니다. 비서실장의 매제가 경찰청장이 되면 과연 국민들이 납득하겠습니까?"

그 이야기를 듣는 순간, 나는 속으로 '매제, 나 때문에 미안해' 하고 되뇔 수밖에 없었다. 아무리 반박해보려 해도 할 수 없는 지극히 당연하고 원칙적인 지적 아닌가. 그래서 경찰청장은 다른 영남 출신 인사로 낙점되고, 다음으로는 국세청장을 정할 차례였다. 그런데 그 자리엔 또 대통령의 형인 노건평이 알음알음으로 추천한 지방 세무서장 출신 인사의 이름이 거론되고 있었다. 이번엔 노 대통령이 직접 그 사실을 알고 길길이 뛰었다.

"제가 일할 사람 뽑으라고 했지, 촌에서 농사짓는 양반 이야기나 들으라고 했습니까? 도대체 지금 뭣들 하는 짓거리입니까?"

대통령의 그 말 한마디로 게임은 끝이었다. 사실 인사의 공정성과 투명성, 예측 가능성을 높이고, 무자격 낙하산 인사가 공중에서 공직 사회 곳곳으로 내려앉는 일을 막는 것은 비단 우리나라만 안고 있는 과제는 아니다. 듣자 하니 미국에서는 1952년 아이젠하워 대통령 이래로 정권이 바뀔 때마다 공화당, 민주당을 가리지 않고 '플럼 북Plum Book'이라는 백서를 만들어 차기 정권의 인사 지침서 구실을 하게 하는 동시에, 정부가 어느 자리에 어떠한 이유로 누구를 앉혔는지를 국민들이 알고 평가할 수 있게 한다고 한다.

또한 유권자들이 후보자 개인의 성향이나 이미지만이 아니라 소속 정당의 국정운영 능력을 예상하고 판단할 수 있게 '그림자 내각Shadow Cabinet'을 구성하는 나라들도 있다. 그런 제도들이 우리 실정에 맞느냐 하는 점은 논외로 치더라도, 기존에 만들어놓은 인사 시스템마저 '노무현만 아니면 뭐든 괜찮아'라는 편협한 사고를 지닌 사람들 때문에 모래를 움켜쥔 손처럼 비어버린 현실이 서글프다.

03

인사도 결국은 메시지다
: 인사권 II

국민의 정부 출범과 동시에 정무수석을 맡게 되면서 내가 김대중 대통령으로부터 귀에 딱지가 앉도록 당부를 들었던 부분도 다름 아닌 인사에 관한 것이었다. 물론 공직에 사람을 추천하고 검증하는 일은 민정수석 비서관실이 담당했지만, 당시에는 별도의 인사위원회가 꾸려져 있지 않았던 탓에 정무수석인 내가 인사 문제 전반을 다뤄야 했기 때문이었다. 그때 김대중 대통령이 가장 강조한 원칙은 지역 안배, 신상필벌, 적재적소, 이 세 가지였다. 즉 지역에 따라 적절히 숫자와 자리의 균형을 맞추고, 상을 줄 사람은 상을 주고 벌을 줄 사람은 벌을 줄 것이며, 그 일을 잘 감당할 수 있는 사람을 알맞은 자리에 배치하라는 것이었다.

사람 하나 뽑기 참 어렵네

그 중 지역 안배는 인사를 총괄하는 사람 입장에서 가장 머리 아프고 현실적으로 실행에 옮기기 힘든 요소였다. 그도 그럴 것이 박정희가 5·16쿠데타로 집권한 이래로 40년 가까이 이 나라는 사실상, 신라 시대 골품제로 비유하자면 경상도 출신들이 성골을 형성한 채 이끌어온 나라였다. 특히 1971년 대선에서 그 당시 40대 나이의 젊은 김대중 신민당 후보가 일으킨 돌풍에 맞서기 위해 박정희의 공화당이 경상도 지역에서 대대적인 지역감정 몰이에 나선 뒤로는, 인사에 있어 지역 편중은 제대로 서 있기조차 힘들 만큼 기울어진 운동장과도 같았다. 경상도 출신 독자들로서는 다소 불편하게 들릴지 몰라도, 경기도 출신의 한 사람으로서 감히 이야기하건대 그건 부인할 수 없는 현실이었다.

한 예로, 정무수석 시절 서울 시내의 30개가 넘는 경찰서의 서장과 정보과장들을 출신지별로 조사해봤더니 90% 이상이 경상도 출신이었다. 또 그중 3분의 2는 흔히 TK라 부르는 대구와 경북 출신이었고, 나머지가 PK, 즉 부산과 경남 출신이었다. 심지어 서울과 경기, 충청도 출신들도 별로 없었고, 전라도 출신들은 아예 전무했다. 막연히 그럴 거라고 예상은 하고 있었지만, 실제로 인사 카드를 책상 위에 죽 펼쳐 놓고 본 나도 고개를 절레절레 흔들 정도였다.

그래서 우리는 기울어진 운동장의 균형을 최대한 바로 잡는 데 온 힘을 쏟았다. 일단 단순히 1:1:1 하는 식으로 기계적인 균형이어서는 안 됐다. 인구 비례를 따졌을 때 경상도가 전라도 인구에 비해 두 배 정도 많았기 때문에 각 도별로 그 비율까지 다 고려해야 했다. 그러자니 여간 골치가 아픈 게 아니었다. 워낙 오랫동안 인사 편중이 계속돼 온 탓에 밑에서부터 차근차근 단계를 밟고 올라온 경험을 갖춘 특정 지역 출신 인물들을 찾기가 여간 어려운 게 아니었기 때문이다.

국민 여러분, 염려 마세요

그런데 국민의 정부는 출범 당시 내각을 비롯한 고위직 인사에는 일정 정도 제약을 안고 출발할 수밖에 없는 특수성이 있었다. 대선 전에 김종필 총재와 박태준 최고위원이 이끌던 자유민주연합과 힘을 합친, 이른바 DJP 연합을 통해 탄생한 사실상의 공동정권이었기 때문이었다. 따라서 국무총리가 된 김종필이 내각의 주요 인사권을 가져가게 되었고, 이는 4·19 직후 내각제하에서의 장면 총리 이래 최초로 국무총리가 실질적인 권한을 행사한 사례로 역사에 기록된다.

그러나 김 대통령이 청와대 비서실의 외교안보수석 비서관으로 있던 임동원을 전임 강인덕 장관에 이어 통일부 장관으로 임명하려 하면서 DJP 공동정권은 쩍쩍 갈라지기 시작했다. 그는 외교안보수석으로 있으면서 남북 간의 화해와 협력을 맨 앞장서 주장해온 인물이었던 탓에 통일안보 문제에 관한 한 누구보다 보수적인 자민련으로서는 받아들일 수 없는 선택이었다. 그럼에도 김 대통령은 DJP 연합이 깨져도 어쩔 수 없다는 판단 속에 임동원 장관 카드를 밀어붙이는 초강수를 뒀다. 이를 두고 세간에서는 김 대통령이 정권 획득을 위해 보수 자민련을 이용해 먹고 버린 게 아니냐는 비판을 제기하기도 했다. 사냥이 끝나 토끼를 잡던 사냥개가 필요 없게 되자 삶아 먹어 버렸다는 '토사구팽兎死狗烹'의 계략을 썼다는 것이다.

그러나 나는 그렇게 생각하지 않는다. 임동원 통일부 장관의 임명은 단순히 장관 한 사람을 임명하는 차원을 넘어선, 국민들에게 향후 핵심 국정 과제의 항로를 미리 보여주는 메시지를 던진 차원의 결단이었다. "그동안 자민련이 추천한 경제 관련 부처 장관들의 노력 덕분에 IMF 외환위기 극복이라는 경제 과제를 어느 정도 달성했으니 집권 하반기에는 한반도 통일의 일대 전환점을 만드는 데 주력하겠습니다"하는 메시지 말이다.

전임 통일부 장관에 1970년대 중앙정보부 국장을 두루 거친 대북 강경론자 강인덕을 임명했었던 것도 똑같이 일종의 메시지를 던진 차원으로 읽어야 한다. 정권 교체 직후, '김대중은 빨갱이'라는 정치선전에 노출돼온 국민들과 '김대중은 과격한 반미주의자'라는 의구심을 갖고 있던 미국 정부에 대통령이 다정하게 어깨를 두들기며 "그런 염려는 마세요"라고 안심시키는 맥락이었던 것이다.

사실 이는 말이 쉽지, 막상 닥치면 여간해서는 실행에 옮기기 힘든 결정이다. 정권에 대한 불안과 의구심을 떨치지 못한 산토끼를 안심시키려다 남북 화해와 통일을 바라고 표를 찍어준 집토끼마저 자칫 등을 돌리게 하고, 그래서 다시 집토끼를 잡으려다 애써 잡은 산토끼까지 놓치기에 십상이기 때문이다. 실로 김대중 특유의 자신감이 돋보이는 대목이 아닐 수 없다.

노무현 대통령도 마찬가지였다. 참여정부를 출범하기 전 청와대의 직제를 짜는 과정에서 새로이 신설된 직책들이 몇 있었는데, 그 중 대표적인 게 보좌관 제도였다. 이는 얼마 전인 2017년 1월 중순에 안타깝게도 세상을 등진 故 박세일 전 의원이 당시에 썼던 미국의 백악관 운용에 관한 저서에서 그 대목을 인상 깊게 본 나의 제안을 노 대통령이 적극적으로 받아들인 결과물이었다.

그래서 신설된 국가안보 보좌관에는 라종일, 외교 보좌관에는 반기문, 국방 보좌관에는 김희상, 경제 보좌관에는 조윤제, 정보과학기술 보좌관에는 김태유가 각각 임명됐다. 그중 김영삼 정부 시절 외교안보수석 비서관을 거쳐 김대중 정부에서 외교통상부 차관을 지냈던 반기문과 예비역 중장 출신의 김희상은 자타가 공인하는 친미 성향의 인물들이었다. 노 대통령이 이들에게 그 무엇보다 중요한 외교와 국방을 보좌하게 한 것은 실무나 정책 차원에서의 인사라기보다는 미국 정부에 보내는 일종의 외교적, 정치적 메시지와도 같은 것이었다.

기억하다시피, 참여정부가 들어서기 일 년 전에 효순이와 미선이란 이름의 두 중학생이 미군 장갑차에 깔려 꽃다운 나이에 끔찍하게 목숨을 잃는 사건이 발생했다. 그럼에도 한·미 주둔군지위 협정SOFA, Status of Forces Agreement상의 규정 때문에 대한민국 검찰과 사법부는 가해 미군들을 소환해 조사하거나 법정에 세울 수가 없었다. 그러자 이런 현실에 분노한 시민들의 자발적인 촛불 시위가 시작됐고, 몇 달 전 열린 미국 솔트레이크시티 동계

올림픽에서 한국의 김동성 선수가 미국의 안톤 오노 선수의 반칙으로 인해 금메달을 도둑맞은 사건과 겹쳐지면서 국민들 사이에서는 그 어느 때보다 반미 감정이 고조되고 있었다.

그뿐만이 아니었다. 2001년 9·11 사태를 계기로 미국의 조지 W. 부시George W. Bush 정부는 유사시 해외 주둔 중인 미군을 세계 곳곳의 분쟁지역에 신속히 파견해 전쟁 임무를 수행토록 하는 이른바 '전략적 유연성' 계획을 추진하고 있었다. 그동안 대북한 방어로 역할이 한정돼 있었던 주한미군도 아시아태평양 신속 기동군의 일원으로 재편돼 중국을 비롯한 동북아시아에서의 분쟁이 발발할 시에 즉시 투입되는 것으로 성격이 변화하게 된 것이다.

이는 대북안보와 국방의 상당 부분을 주한미군에 의지하고 있던 우리로서는 이만저만한 큰 변화가 아니었다. 그래서 국민의 정부 때와 마찬가지로 '참여정부는 반미 성향의 정부가 아닌가' 하는 미국의 의혹을 불식시키고, 급변하는 주변 안보 정세에서 우리 정부의 입장을 미국 정부에게 전달해 반영되도록 하기 위해서는, 무엇보다 미 공화당 정권이 고개를 끄덕일 수 있고 그들과 끈이 닿는 인물들이 꼭 필요한 상황이었다. 그런 고민을 하다 보니 레이더에 포착된 인물이 반기문과 김희상, 그

두 사람이었다. 반기문은 한승수 전 국무총리가 유엔총회 의장을 맡을 당시 비서실장으로서 유엔 본부가 있는 뉴욕에서 근무했고, 김희상은 랜드연구소RAND Corporation라는 대표적인 미국의 국방 싱크탱크에 몸담은 적이 있으니 딱 적임자라 여긴 것이다.

그러나 각각 걸림돌이 있었다. 반기문은 지지난 정부와 지난 정부에서 차관급인 외교안보 수석과 차관을 지냈기에, 장관이나 장관급으로 승진시켜주는 것도 아니고 또다시 차관급인 보좌관을 하라고 하면 공직 사회의 통념상 과연 본인이 받아들이겠는가 하는 게 문제였다. 나 역시도 가능성이 극히 낮다고 판단했지만, 어차피 밑져야 본전이다 싶어 일단 그에게 전화를 걸어 의향을 물어봤다. 대통령과 비서실장인 나의 걱정은 완전히 기우였다. "정말 고맙습니다. 맡겨만 주신다면 열심히 하겠습니다"라는 예상 밖의 대답이 수화기 너머로 들려온 것이었다.

그에 비해 김희상은 아무리 대미 메시지 차원의 선택이라 하더라도 평소의 성향과 철학이 이 정부와 달라도 너무 다르다는 점이 대통령을 망설이게 했다. 그래서 "같은 고등학교 동창인 제가 책임지겠습니다" 하고 내가 거의 보증을 서다시피 해서야 그를 국방 보좌관에 앉힐 수 있었다. 물론 그때는 나름 제 역할을 잘 해내기는 했지만, 십 수 년이 지난 오늘 되돌아보면 대통령이 끝까지 망설였던 이유를 충분히 이해할 수 있을 것 같다.

"강금실은 안돼요"

한편 이런 경우도 있었다. 참여정부 인수위원회는 초대 내각의 장관 인사를 할 때 국민들의 추천을 받아 앞서 말한 다섯 단계의 검증을 거친 뒤, 복수의 최종 후보자들을 놓고 인수위원회의 주요 참모와 비서실 내정자들이 모여 투표까지 하는 까다로운 과정을 거쳤다. 그러나 추천을 거치지 않고 대통령의 결심으로 곧장 테이블에 올라온 인물들도 있었으니, 판사 출신의 강금실 법무부 장관 후보와 남해군수 출신의 김두관 행정자치부 장관 후보가 대표적인 경우였다.

당시 나는 그 중 몇몇의 임명을 한사코 만류했었다. 물론 무슨 억하심정이 있어서 그랬던 건 아니었다. 그때까지 나는 그들과 개인적으로 악수 한 번 나눠본 적이 없었으니 말이다. 다만 강 장관의 경우에는 검찰 내부의 반발 기류가 너무 강했다. 특정 사법고시 기수들이 대거 지방검찰청장으로 발령 나면 승진에서 누락된 선배 기수들은 줄줄이 옷을 벗고 나가야 할 만큼 위계질서가 강한 검찰 조직에서 김각영 당시 검찰총장보다 무려 11기수나 후배인, 그것도 검사도 아닌 판사 출신의, 결정적으로 남성도 아닌 여성을 법무부 장관으로 앉힌다는 데 대한 심한 거부감이 검찰 내부로부터 감지되고 있었던 것이다.

"대통령님, 강금실을 법무부 장관으로 발탁하면 일선 검찰들이 죄다 들고일어나는 검란檢亂이 벌어질지도 모른답니다. 다시 한 번 재고해 보시죠."

나는 실제로 그런 내용이 담긴 검찰 측 보고서까지 보여주며 대통령을 설득하려 했다. 그러자 노 대통령은 "이 보고서, 장윤석이 보냈나 봐요"라고 말하는 게 아닌가. 순간 속이 뜨끔해졌다. 그 보고서는 검찰국장이던 장윤석이 보낸 게 맞았다. 이번엔 강금실을 직접 추천했던 문재인 민정수석 비서관이 나를 거들고 나섰다.

"아무래도 법무부 장관으로 바로 보내는 것보다는 환경부 같은 데를 한 번 거치게 하는 건 어떨까요?"

"이봐요, 너무 걱정들 마세요. 한동안 시끌시끌하겠지만, 검찰 내부의 반발은 석 달이면 가라앉을 겁니다. 강금실을 법무부 장관으로 임명하는 건 지금까지 그 어떤 정부도 못해냈던 사법개혁, 검찰개혁의 절반을 한꺼번에 이루는 셈이 될 겁니다. 게다가 여성은 당연히 여성부나 보건복지부, 환경부를 맡아야 한다는 고정관념도 이참에 깨야 하지 않겠어요? 다들 비장한 각오로 임하셔야 해요."

그리고 1년 뒤 장관들을 대상으로 한 업무평가서가 나왔고, 거기에서 강금실 장관은 1등을 차지했다.

이처럼 노무현 대통령은 새 정부에 대한 국민들의 기대와 지지가 정점에 도달해 있는 집권 초기에 누구보다 '강하고 빠른 개혁'을 원했었고, 그런 의지가 서열과 관행의 파괴라는 인사 방식을 통해 국민들에게 그대로 전달되게끔 했다. 바둑으로 치면, 우직하고 꾸준한 이창호 보다는 전투의 신이라 불리는 조훈현에 더 가까운 승부사라고나 할까.

04

대통령의 500 전사들
: 청와대 비서실

정권이 바뀌면 새로운 대통령과 함께 청와대에 짐을 풀어놓고 나랏일을 꾸려갈 참모진이 구성된다. 역대 대통령들은 자신이 생각하는 업무 효율과 국정 중요도에 따라 청와대 구성에 조금씩 변화를 주어왔는데, 김대중 정부는 비서실장 아래에 정책, 정무, 경제, 외교·안보, 사회복지, 공보의 6개 수석실을 두어 1실장 6수석 37비서관 체제로 닻을 올렸다. 숫자만 놓고 보면 399명으로, IMF 외환위기로 인해 어려워진 나라 살림에 청와대도 함께 허리띠를 졸라매는 모습을 보여주자는 대통령의 뜻을 담아 전임 정부에 비해 대폭 규모를 축소한 것이었다.

그에 비해 노무현 정부는 비서실장과 정책실장, 이렇게 두 명의 실장을 둔 투톱 체제로 출범했다. 원래 비서실 산하에 있었던 정책수석실을 따로 분리시켜 정책실장 아래 두고, 그와는 별도로 6명의 보좌관 제도를 신설해 2실장 5수석 6보좌관 44비서관 체제 478명의 인원으로 살림을 꾸린 것이다. 비서실과 정책실을 분리한 데는 역시나 비서실장 한 사람에게 너무 권한이 쏠리는 걸 방지하자는 대통령의 의중이 담겨 있었다. 반면 후임 이명박 정부는 정책실장을 없애고 1실장 1처장 7수석 1대변인 41비서관 체제로 되돌려놓았다가, 임기 후반부에 다시 정책실장을 부활시켰다. 그리고 너무 권위적으로 들린다는 이유를 들어 비서실이란 명칭도 대통령실로 변경했다.

이처럼 정권마다 차이가 나는 청와대 조직 체계를 단순히 놓고 비교해, 그 좋고 나쁨을 가릴 수는 없다. 대통령이 국정운영을 하기에 가장 효율적이고 편한 틀이라면 그게 최선인 거고, 인수위원회에서 안을 만들기는 하나 최종적인 그림은 결국 대통령의 손으로 그려지는 것도 그런 이유에서다.

다만 내가 아쉬웠던 건, 정권을 인수·인계받으며 처음 청와대의 틀을 짤 때 참고할 거리가 너무 없더라는 점이다. 참여정부 비서실장으로 5년 만에 다시 청와대에 들어갔을 때도 국민의 정부 시절 정무수석으로 있으면서 만들어 놓았던 청와대 조직 및 운영에 관한 규정, 이거 딱 하나만 남아 있고 그 밖에는 이렇다할 자료가 없어 애를 먹었던 기억이 난다. 앞으로는 여야 여부를 떠나 대승적인 차원에서 차기 정부를 위해 자신들의 경험과 근거들을 남겨놓고 떠나는 전통이 만들어졌으면 좋겠다.

비서실 사람들

일반적으로 대통령 비서실은 장관급인 비서실장이 총괄한다. 그리고 그 아래 각 수석 비서관실은 차관급인 수석 비서관과 1~2급 비서관, 3~5급 행정관, 6급 이하의 공무원이 한 팀을 이루게 된다. 전체적으로 보면 비서관의 수는 약 30~40여 명, 선임 행정관과 행정관은 250~300명 정도다. 비서실장과 수석 비서관은 대통령이 직접 지명해 임명하고, 비서관과 행정관들은 보통 해당 수석실의 추천과 비서실장의 승인을 거쳐 대통령이 임명한다.

또한 청와대 비서관과 행정관은 크게 별정직 공무원과 일반직 공무원으로 나뉜다. 별정직 공무원이란 대통령의 선거캠프, 국회 시절 보좌관 등 정치권 출신이거나 자기 분야에서 경력을 인정받아 영입된 전문가 그룹이고, 일반직 공무원은 행정자치부, 보건복지부, 재정경제부, 교육부, 법무부 등 여러 정부 부처에서 파견근무를 나온 사람들이다. 요즘 흔히 하는 말로 어공

(어쩌다 공무원)과 늘공(늘 공무원)의 차이인 것이다.

그중 비율로 보면 늘공이 훨씬 더 많다. 예를 들어 감찰 업무를 하는 민정수석실에는 사회 현안에 관한 정보를 수집하고 친인척 관리를 하는 민정 비서관, 권력형 비리를 예방하고 비리 첩보를 수집하는 사정 비서관, 법률자문과 법제 개혁 등의 업무를 맡는 법무 비서관, 공직사회 기강 해이를 예방하는 공직기강 비서관 등이 있는데, 사정 비서관은 검찰청에서, 법무비서관은 법무부에서, 공직기강비서관은 감사원에서 파견 나온 공무원들이 주로 임명된다. 이외에도 보건복지비서관실에는 보건복지부, 해양수산비서관실에는 해양수산부에서 파견 나온 공무원들이 일하는 식이다.

이렇게 파견근무를 나온 공무원들은 정권의 시작과 끝을 함께 하기도 하고, 짧게는 1년 정도 일하다 원래의 부서로 돌아가기도 한다. 그러나 재직한 기간과 상관없이 일단 청와대에 파견근무를 나올 정도면 그 공무원은 자신의 소관 업무에서 능력을 인정받은 사람이라 봐도 무방하다. 보통 실장이나 수석 비서관급이 아니면, 정권과의 궁합보다는 얼마나 일을 잘하는지가 가장 우선적인 고려사항이고, 실제 청와대에서도 해당 부처에 “가장 똑똑하고 유능한 사람을 보내달라”고 요청하기 때문이다.

이는 당사자 입장에서는 더할 수 없이 좋은 기회다. 이승만이나 박정희 시절처럼 청와대에 말단으로만 들어가도 군수가 고향 집에 명절 선물을 들고 기웃거릴 정도의 위세를 부릴 수 있어서가 아니다. 가끔 청와대 비서관의 이름을 팔아 사기를 치는 사람들은 있어도, 이제는 청와대에서 일한다는 이유만으로 마냥 어깨에 힘을 주던 시대는 지났다. 그보다는 일단 청와대에 들어오면 큰 그림을 볼 수 있다는 게 가장 큰 장점이다. 공무원들은 보통 자기 업무 외에 폭넓은 시야를 갖기가 어려운데, 청와대에서는 다양한 정보를 습득하면서 국가의 시스템이 어떻게 돌아가는지를 들여다보며 배울 수 있다. 이는 관료로서 성장할 수 있는 더없이 좋은 기회이고, 당연히 진급에도 도움이 된다. 그러니 일선 부처에 있을 때보다 업무량도 훨씬 더 많고 육체적으로나 정신적으로도 고되지만, 공무원이라면 누구나 청와대의 직원 출입증을 목에 걸어 보고픈 꿈을 가지고 있다.

반면 해당 부처를 뚜렷이 꼽기 어렵고, 공직 경험보다는 관련 분야에서의 전문성과 개인적인 능력이 우선시되는 홍보와 인사, 정무 수석실에는 대통령 선거 캠프에서 일했던 실무진이나 교수, 변호사, 국회 보좌관, 시민단체 출신들이 많다. 이들은 교수나 변호사처럼 돌아갈 곳이 있는 경우를 제외하면 대부분 대통령의 임기 종료와 함께 백수가 될 '비정규직' 신세이지만, 일

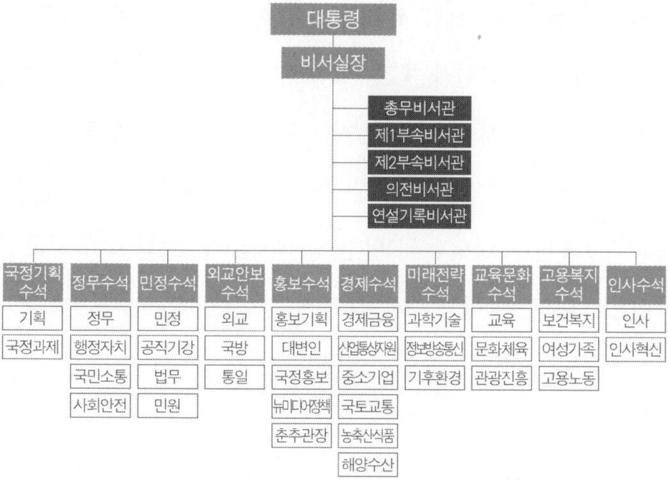

박근혜 정부 출범 초기 대통령 비서실 조직도

반적인 비정규직 노동자들처럼 딱한 처지에 놓일 사람들은 실제로 많지 않다. '청와대 비서실 근무'란 경력은 이력서에 단 한 줄만 들어가도 형광펜을 칠한 것처럼 눈에 확 들어오는 마력을 발휘하기 때문이다.

그럼 '청와대 비서실장 산하의 각 수석실이 하는 일은 무엇이냐'하면, 한마디로 말해 대통령을 보좌하는 일이다. 언젠가 조선일보의 생활상식 코너에 실린 '맥주를 시원하게 마시고 싶으면 얼음을 넣어라'던 조언처럼 이 무슨 하나 마나 한 소리인가 할지 몰라도, 여기엔 중요한 현재적 의미가 담겨 있다. 예를 들어 대통령의 지시 없이 특정 수석실이 문화체육관광부 같은 부처에다 블랙리스트를 내려보내 문화계 인사들의 정부 지원을 끊어라 마라 명령하는 건 대통령을 보좌하는 비서실의 역할이 아니고, 따라서 직권을 남용한 행위다. 그리고 대통령의 지시가 있었다면 그건 어떻게든 뜯어말리고 부당함을 일깨워주는 게 보좌하는 사람들의 역할이자 책무다. 그러지 못했다면, 혹은 그러지 않았다면 그건 대통령을 잘못 보좌했다는 이야기밖에 안 된다. 부끄러운 이야기다.

다시 본론으로 돌아와, 비서실 내의 각 수석실은 각자 자신이 가고 싶은 곳으로 가는 게 아니라 대통령의 걸음에 맞춰 옆에서 따라가는 사람들이다. 각 수석실의 대표인 수석 비서관은 전문가로서의 식견을 가지고 자신이 맡은 부서에서 국정을 조율하고 대통령을 보좌한다. 과거에는 수석들이 각 부처에 힘을 행사하고 그 위에 군림하는 경우가 허다했다. 하지만 권위주의 타파와 자율성을 강조한 참여정부는 수석실의 보좌 기능에 주로 집중했다. 수석실이 대통령을 보좌하는 방법은 이렇다. 해당 분야의 정책을 분석해서 집행에 문제는 없는지, 국민 갈등요인은 없는지 파악한다. 또한 해당 정책과 관련한 대통령의 발언을 보좌한다. 예를 들어 경제에 관해서 발언해야 하면 경제수석이, 복지나 노동 문제에 관해서 연설해야 할 때는 고용복지 수석이 대통령에게 쟁점이 되는 사안들에 관련한 자료와 방향을 제안한다.

수석 비서관의 업무, 이거 알면 뉴스가 귀에 쏙쏙

하나하나씩 살펴보자. 우선 정무수석실은 국가 행정과 정치적 업무, 즉 국회 및 여야 정당들과 청와대 간의 관계를 조율하고 관장한다. 작은 정부를 표방했던 국민의 정부 시절 청와대에 들어가 내가 맡았던 일이다. 전임 김영삼 정부에서는 4년여 동안 정무수석을 지낸 이원종이 '실세 부통령'이라고 불릴 만큼 막강한 권한을 과시한 바 있다. 대통령의 신임과 개인의 강한 성품이 더해진 까닭이지만, '정무'를 넓게 해석하면 모든 국정에 개입할 여지가 있기 때문이었다. 실제로 그는 공보수석을 그저 대변인 역할에만 국한하고, 오늘날 홍보수석이 담당하는 언론기관 상대 업무를 죄다 자신이 직접 틀어쥐었다.

야당 총재 시절 그런 모습을 보고 못마땅해했던 김대중 대통령은 그래서 애초 정무수석실을 아예 없앨 생각까지 했었다. 그러나 막상 그러자니 빈 구석이 많이 생기겠다 싶으니까, 그 대신 대국회 관계와 국정홍보, 행정, 정책조사, 치안 등 정무수석실의 기능을 명확히 하는 쪽으로 결론을 틀었다.

따라서 정무수석의 최우선 조건은 여당과 야당을 가리지 않고 의사소통을 할 수 있는 폭넓은 대인 관계와 두루 평판을 갖춘 인물이어야 한다는 데 있다. 정무 기능이 약화하면 대통령과 정치권 간의 의사소통이 잘 이루어지지 않는다는 의미가 되고, 당연히 국정운영에 어려움이 생길 수밖에 없다. 정무수석은 대통령의 의견을 여야에 일방적으로 통보하고 관철하는 게 아니라 국회를 설득하고 그들의 의견을 대통령에게 전달하는 좋은 통로 역할에 충실해야 한다.

그런데 몇 달 전, 이정현 새누리당 전 대표가 박근혜 정부의 초대 정무수석으로 일할 당시 KBS 보도국장에게 전화를 걸어 "청와대 뉴스를 왜 마지막에 편집했냐?", "대통령의 방미 성과를 잘 보도해 달라"는 등 이러쿵저러쿵 압력을 행사했다는 소식이 귀에 들려온다. 대통령의 지시 때문에 그랬다고 해도 문제고, 본인의 자발적인 충정에서 비롯된 행동이라 해도 역시 문제다. 언론의 자율권을 침해하는 것은 민주주의 국가의 정무수석으로서 할 도리가 아니다.

물론 나 역시도 정무수석 시절 언론사 기자들과 관계를 트고 술자리를 갖는 경우는 드물지 않고 아주 흔했다. 하지만 KBS 아홉시 뉴스를 보자마자 전화를 걸어 "야 이 자식들, 다 옷 벗을 각오해"라고 말하는 따위의 짓은 결코 하지 않았다. 김 대통령이 여러모로 부족한 나를 그 자리에 임명한 것도 최소한 그런 행동은 하지 않을 것 같다는 믿음이 있었기 때문이었다.

다음으로 민정수석실은 온갖 비리를 감시하고 예방하는 감찰업무를 담당하는 사정 기관이다. 검찰, 경찰, 국세청, 감사원 등 권력기관뿐 아니라 대통령 친인척 관리와 여론 관리도 민정수석실의 몫이다. 정해진 범위의 대통령 친인척들이 어디서 무엇을 하는지 수시로 조사하고 보고해야 한다. 공직사회를 감찰하면서 혹시라도 서로 간에 충돌이 생기면, 자초지종을 조사하고 심판을 돕는 일도 한다. 인사위원회나 인사 담당 부서의 추천을 받은 고위 공무원의 검증 작업도 결코 빼놓을 수 없다. 어쨌든 감찰 업무를 기본으로 하기 때문에 구성원들은 법률 지식을 갖추고 조사에 능해야 하며, 온갖 민감한 정보들이 모이는 곳이라 보안의식도 철저해야 한다.

그래서인지 이 수석실은 대부분 법조계, 그중에서도 검사 출신들이 주를 이룬다. 이번 박근혜·최순실 게이트에서 김기춘 전 비서실장과 더불어 '법꾸라지'라는 오명을 뒤집어쓴 우병우 전 민정수석, '정윤회 문건 유출' 사건으로 기소됐다가 무죄를 선고받은 민주당 조응천 의원도 모두 검사 출신으로서 민정수석실의 공직기강비서관으로 일했다. 검찰이 아닌 '순수' 변호사 출신 민정수석으로는 참여정부의 문재인 전 수석이 유일했다.

그런데 현행 검찰청법상으로는 현직 검사의 청와대 파견이 불법임에도 편법을 동원한 검사 파견이 관행적으로 이뤄진다는 데 큰 문제가 있다. 일단 검사를 퇴직시켰다가 청와대 근무를 마친 뒤 다시 검사로 재임용해 검찰로 돌아가게 하는 것이다. 그렇게 되면 청와대에 파견된 검사가 대통령의 의중을 검찰에 전달해 수사에 개입하고, 복귀한 검사가 검찰 조직을 장악하는 악순환이 반복될 여지가 크다. 검찰 내에 이른바 '우병우 사단'이 만들어지고, 청와대가 검찰을 쉽사리 쥐락펴락할 수 있었던 열쇠 중 하나도 여기에 존재한다. 그래서 최근 2017년 2월에 여야는 청와대 파견 검사의 검찰 복귀를 2년간 제한하는 검찰청법 개정안 처리에 합의한 바가 있다. 최고 권력으로부터의 검찰 독립과 개혁의 작은 퍼즐 하나가 맞춰진 셈이다.

인사수석실(참여정부)에서는 말 그대로 정부와 공기업의 크고 작은 인사를 관리한다. 일하겠다는 사람은 널렸는데 뭐 그리 많은 사람들이 붙어서 1년 내내 머리를 싸매야 하나 생각될지도 모르겠지만, 널리고 널렸으니까 그만큼 옥석을 가리기가 쉽지 않다. 언제나 뒷말이 무성하고, 탈도 가장 많이 나는 게 바로 인사다. 게다가 대통령의 손에 쥐어져 있는 인사 권한만 무려 7,000여 개에 달하다 보니, 한 달에 결정해야 하는 자리만 해도 20개가 넘는다. 국무총리, 장·차관, 국정원장, 감사원장, 처장, 실장 등 정무직 인사가 있는 달에는 그 수가 60개를 훌쩍 넘어선다. 인사수석실에서는 추천만 하고 검증은 민정수석실에서 하는데도 일은 언제나 쌓이기 일쑤다. 그런 점에 비춰볼 때, 인사수석실을 없애고 인사비서관이나 인사 지원팀만을 둔 이명박 정부와 박근혜 정부의 조치는 솔직히 이해가 잘 안 간다. 이 밖에 홍보수석실은 국정을 홍보하고 대통령의 대언론 관리를 담당하며, 경제수석, 외교안보수석, 교육문화수석, 고용복지수석 등은 해당 부처와 소통하면서 정책을 관리하는 역할을 한다.

대통령의 손과 발이 되어주는 사람들

청와대 비서실에는 비서실장 직속의 비서관들도 있다. 총무비서관, 제1부속실장, 제2부속실장, 연설기록비서관실, 의전비서관 등이다. 수석실이 각 분야에서의 역할과 정책으로 대통령을 보좌하는 그룹이라면, 직속 비서관 및 행정관들은 대통령 부부의 일상과 직접적으로 연관된 일을 처리한다. 그래서 2개의 부속실은 근무 공간도 대통령 부부와 거리상으로 가장 가까운 곳에 자리하고 있다. 제1부속실은 본관 2층 대통령 집무실 바로 옆, 제2부속실은 1층 대통령 부인 집무실 바로 옆에 있어, 대통령 부부의 집무 공간과는 걸어서 15분이나 떨어져 있는 수석비서실보다도 가깝다.

이 중 제1부속실은 그야말로 대통령의 일거수일투족을 모두 관리한다. 일정에서부터 식사와 건강관리 등등, 대통령이 눈을 뜨는 순간부터 잠자리에 드는 순간까지 대통령의 손과 발이 되어주는 사람들이다. 제2부속실은 대통령 부인을 포함한 직계가족을 살핀다. 그런데 다들 알다시피 박근혜 대통령의 경우에는 함께 청와대에 들어와 사는 배우자와 직계가족이 없었다. 따라서 자연스레 제2부속실은 폐지될 것으로 예상했으나, 어쩐 일인지 없어지지 않고 살아남았다. "우리 사회의 소외된 계층을 살피는 민원 창구로 활용하겠다"는 이유에서였다. 그러고는 박근혜 정권의 문고리 3인방인 이재만 비서관의 총무비서실, 정호성 비서관의 제1부속실과 사이좋게 협조해 비선 실세 최순실을 보살피는 창구로 활용됐다. 헬스 트레이너 출신의 윤전추 행정관과 의상실에서 스마트폰을 자신의 옷으로 닦아 최순실에게 공손히 건네던 이영선 행정관도 모두 제2부속실 소속이다. 소외계층은커녕, 청와대의 공적 조직이 한 개인의 민원창구로 전락한 것이다. 정말로 참담하다.

참여정부 때 의전비서관은 5년 내내 아침 7시에 출근했다. 물론 퇴근 시간은 대통령 일정에 따라 고무줄처럼 달랐다. 대통령이 참석하는 행사는 청와대 안에서건 밖에서건 모든 게 시나리오대로 딱딱 맞아떨어져야 한다. 참석자들의 지위와 성향을 파악하고, 대통령의 동선과 시간을 영화 찍듯이 분초 단위로 짜 놓는 등 세심한 것 하나까지 놓쳐서는 안 된다.

그중 의전비서관들이 가장 신경 쓰는 부분은 자리 배치와 사진 촬영이 아닐까 한다. 행사 참석자들은 누가 더 대통령과 가까운 자리에 앉는지에 온통 신경을 곤두세우고, 때로 의전 서열이 뒤바뀌기라도 하면 세상이 뒤집히기라도 한 듯 항의가 이만저만이 아니기 때문이다. 사진 촬영은 대통령의 다음 일정과 직결되는 문제라 중요하다. 예를 들어 전국 농어촌 이장들을 청와대에 초대한 행사라고 가정해보자. 행사가 끝나면 대통령과의 사진 촬영 시간을 갖는데, 한 번에 여러 명씩 모아서 찍어도 수백 명이면 한 시간이 훌쩍 넘어간다. 뒤이어 외국 국가 원수의 예방이라도 잡혀 있으면 조금이라도 예정된 시간을 넘겨서는 안 된다. 그렇다고 그분들에게는 평생의 추억이 될 대통령과의 기념사진을 누구는 찍어주고 누구는 못 찍게 할 수는 없는 노릇, 그럴 때 의전비서관들은 난감해진다.

이렇듯 청와대는 어디든 일의 강도가 센 편이지만, 아예 일 년 내내 불을 끄지 못하는 곳도 있다. 대통령 경호실과 더불어 청와대 지하 벙커에 자리 잡은 바로 그곳, 국가안전보장회의 NSC 상황실이다. 만에 하나 있을지 모를 북의 도발이나 재난, 대형 사고는 언제 어디서 터질지 예고를 해주지 않는 탓에 상황실 근무자들은 24시간 돌아가며 경계 태세를 유지한다. 그 중요성만큼이나 짚고 넘어갈 내용이 많아 이 부분은 뒤에서 다시 설명하도록 하겠다.

여하튼 누구에게나 청와대란 곳은 결코 녹록지 않은 일터임이 분명하다. 나랏일이라는 게 기본적으로 칭찬받을 일은 별로 없다. 대통령이 맞는 비난의 화살은 고스란히 튕겨서 비서실로 날아와 꽂힌다. 때로는 사실이나 의도가 왜곡돼 밖으로 흘러나가기도 하고, 숱한 사람들의 안줏거리로 자근자근 씹히는 게 다반사요, 그러다 대통령에게 깨지기라도 하는 날에는 비참함이 이루 말할 수 없다. 그렇다고 사생활이나 인간관계를 통해 위로받기도 어렵다. 속 모르는 친구들은 "청와대에 들어가더니 목에 힘이 들어가 요즘 코빼기도 안 내비치네"하고 서운함을 토로하지만, 혹시라도 입길에 오를까 봐 사람 한 명 편하게 못 만나는 게 이 바닥의 일상이다. 능력은 기본이요, 더 나은 국가를 만들겠다는 특별한 사명감이 필요하다.

청와대 비서실은 이런 사명감과 대통령을 향한 애정이 동시에 요구되는 자리다. 참모에게는 이 두 날개의 균형이 중요하다. 이 균형 감각은 참모뿐 아니라 대통령에게도 필요하다. 한쪽 날

개로 나는 새는 아무리 퍼덕여도 추락할 수밖에 없다. 참모들은 자신이 보폭을 맞추어 걸어야 할 대통령이 고언을 수용하지 않는다고 느끼는 순간, 한 쪽 날개를 꺾는다. 반면 대통령을 향한 애정만으로 곁에 머물며 그가 원하는 대로 말하고 움직이는 참모는, 자신뿐 아니라 대통령까지 파멸로 이끈다. 이제까지 우리는 참모와 대통령 간의 비극적인 관계를 여럿 접해왔다. 따라서 대통령은 참모들이 자신에게 오직 'YES'만 하는 아첨꾼이 되지 않도록 깨어 있어야 한다. 권력자가 자신의 권력 안에 고립되지 않고 계속 새로운 곳으로 나아갈 수 있는 길이 여기에 있다.

간혹 두 날개 모두 없이 오직 자신의 다리로 서 있으려는 참모들도 있다. 스스로의 이권과 권력을 탐하는 사람이다. 과거에도 그렇고 오늘날에도 호랑이의 권세를 빌려 위세를 부리는 여우와 같은 호가호위狐假虎威형 참모들도 드물지 않다. 이런 참모를 알아보는 것도 대통령에게 요구되는 중요한 능력 중 하나다. 만약 그들이 청와대의 권력으로 불법을 저지르고 자신의 이권을 챙겼다면, 그를 선택한 것이 대통령의 첫 번째 실수가 될 것이기 때문이다.

05

막힘이 없으면 아프지도 않다
: 대통령의 소통능력

넓게 보면 대통령의 국정 운영 능력은 국가 전체를 망라하지만, 그의 리더십이 직접적으로 발휘되는 대상은 청와대 비서실과 내각이다. 따라서 대통령이 그들과 어떻게 호흡하고 소통하는지를 보면 그의 지도자로서의 스타일과 능력을 미뤄 짐작해 볼 수 있다.

김영삼 대통령은 잘 알려진 대로 토론이나 협의를 중요하게 여기지 않았다. 본인이 혼자 머릿속으로 구상하고 결심한 내용을 언론에 깜짝 발표하고는, 놀란 토끼 눈을 하고 달려온 핵심 참모와 주무부처 장관에게 "느그들, 마이 놀랐제?" 하는 식이었다. 문민정부 초기 90%에 육박하는 역대 최고의 지지율을 끌어낼 수 있었던 배경인 금융실명제와 공직자 재산 공개, 하나회 숙청 같은 인상적인 개혁 조치들은 하나같이 그런 방식으로 세상에 모습을 드러냈다. 그와 동시에 정보가 새어 나가는 걸 극도로 싫어해, 혹시라도 문제가 생기면 지휘 체계를 따지지 않고 직접 관계자에게 전화를 걸어 문책했다. 이는 지금의 기준으로 보면 분명히 독단적이고 일방통행식의 국정운영이라 비판받아 마땅하다. 그러나 오랜 기간 군부독재 밑에서 야당 지도자로 민주화 운동을 해오는 동안 철저한 보안 속에 혼자 고독한 결단을 내려야 했던 시대적 상황이 몸에 밴 탓이라고 이해하는 편이 더 맞지 않을까 한다.

그런 점에서는 그와 함께 민주화 운동의 양대 산맥이었던 김대중 대통령도 별반 다르지 않았다. 결정에 이르기까지 다양한 의견을 수렴하는 과정을 거치긴 했지만, 자신만의 기준과 원칙이 워낙 명확해서 모든 최종 결정은 늘 김대중 대통령의 몫이었다. 신중에 신중을 거듭하다가 그래 이거야, 싶으면 뒤돌아보거나 번복하는 일은 없었다. 다만 그러다 보니 어떤 사안 하나를 결정하는 데도 시간이 오래 걸린다는 게 걸림돌이었다.

게다가 워낙 손에서 책을 놓지 않는 다독가多讀家여서 외교, 안보, 통일, 경제, 사회, 문화에 이르기까지 모든 분야에 있어서 한 번 방언이 터지면 이야기가 줄줄 끝없이 이어질 정도로 지식이 풍부했고, 그만큼 자기 주관도 확고했다. 그래서 웬만한 전문가들도 그 앞에서는 얌전한 학생처럼 가만히 듣고만 있을 수밖에 없었고, 참모들은 그의 내공을 따라갈 수가 없었다. 그러니 대통령과의 토론은 언감생심, 속으로 마냥 감탄만 하다가 자리를 물러 나오는 경우가 허다했다.

고독한 결단 vs. 토론 잔치

반면 노무현 정권은 '토론 정권'이었다. 대통령의 핵심적인 국정철학 중 하나인 권위주의 타파가 현실에서 실체를 드러내는 가장 중요한 계기가 바로 토론이었다. 그래서 대통령이 주재하는 수석비서관 회의나 국무회의 때면 언제나 토론 잔치가 열렸다.

예를 들어 국무회의에서 건설교통부 장관이 국토개발사업 계획을 제안하고 브리핑한다고 가정하자. 그러면 대통령은 "아니, 이 문제에 관해 환경부 장관 생각은 좀 다를 텐데요" 하고 싸움을 붙인다. 그러면 환경부 장관은 입을 다물고 있을 수가 없다. 이러이러한 환경문제가 우려되니 환경영향평가를 실시해본 다음에 결정해도 늦지 않을 듯합니다, 하고 제동을 걸고 나서는 것이다. 그럼 또다시 대통령은 "개발 착수가 늦어지면 그만큼 경제적으로 손실이 발생할 수도 있지 않을까요? 재정경제부 장관도 한마디 해 보세요" 이런 식인 것이다. 이와 같이 노 대통령은 국무회의가 활성화되고 실질적인 논의의 장이 되는 데 결정적인 역할을 했다. 민주주의는 과정에서부터 시작해야 한다는 신념이 있었던 그는, 토론을 중요시하고 그 자체를 즐겼던 진정한 토론꾼이었다.

말이 난 김에 노 대통령이 토론만큼이나 집착했던 게 있었으니, 그건 기록이었다. 『역사란 무엇인가』를 쓴 에드워드 H. 카Edward H. Carr는 '역사란 과거와 현재의 대화'라고 했다. 노 대통령은 참여정부 5년의 일거수일투족을 기록으로 남김으로써 현재와 미래 간의 대화를 꿈꿨다. 차관급 이상이 참여한 모든 회의는 자료로 만들도록 지시했고, 공식행사에서 나온 발언뿐 아니라 회의에서 대통령이 남긴 메모 한 장, 국민이 보낸 편지 한 장까지 모두 기록으로 남겼다. 그 결과가 역대 대통령 기록물을 모두 합친 33만여 건의 스무 배가 넘는 무려 825만 건에 달하던 참여정부의 대통령 기록물이었다. 실로 어마어마한 양이다.

실제로 노 대통령과는 기록하지 않는 독대란 있을 수 없었고, 반드시 배석자가 있어야 했다. 내가 청와대를 나와 열린우리당 의장을 하던 시절의 일이었다. 노 대통령으로부터 "할 말이 있으니 잠시 청와대로 들어오라"는 연락이 왔다. 그래서 갔더니 대통령 내외가 직접 나를 맞아주었다. 그런데 접견실에 셋이 앉아 10분 넘게 가만히 기다리고만 있어야 했다. 추석 다음 날이라 배석자가 없어 급히 구하는 중이라는 게 이유였다. 이윽고 배석자가 도착하자 우리는 관저 식당으로 자리를 옮겼고, 본격적인 대화는 그제야 시작될 수 있었다.

반대로 비서실장 시절에는 내가 배석자 역할을 하는 경우가 많았다. 대통령은 국정원장이나 국세청장 등에게서 현안보고를 받는데, 이 보고에는 '특별한 정보'가 아주 많았다. 특히 국정원이 가진 정보는 일반인들의 상상을 훨씬 뛰어넘는다. 정부기관뿐 아니라 언론사, 공기업, 민간기업에 관한 자료에서부터 북한 정권과 군 수뇌부의 동향과 관련된 민감한 정보, 심지어는 자칫 새어나갈 경우 정치적인 무기로 악용될 여지가 있는 것들도 있었다. 그래서인지 이전 대통령들은 그들로부터 반드시 독대 보고를 받았지만, 김대중 대통령 때부터 국정원 보고는 비서실장을 배석시키는 관행이 자리 잡기 시작했고, 노무현 대통령은 더 나아가 비서실장과 민정수석 두 사람을 동시에 배석시키곤 했다.

이런 노 대통령의 기록에 관한 관심과 열정은 청와대 내에

'이지원e- 知園'이라는 인트라넷을 개발해 구축하는 데까지 이어졌다. 단순히 개발을 지시했다는 의미가 아니라 실제로 대통령이 개발자 다섯 명 중 한 사람으로 참여해 특허까지 보유하고 있다. 청와대 정원인 녹지원에서 이름을 딴 이지원은 기록뿐 아니라 청와대 내 정보의 투명한 공유를 가능하게 했다. 대통령의 발언은 빠짐없이 기록돼 이지원을 통해 공유되었으며, 해당 라인에 있는 사람들은 대통령의 지시나 코멘트를 빼놓지 않고 볼 수 있었다. 중간에 대통령의 말이나 정보가 왜곡되거나 누락될 가능성은 없었다. 그뿐만 아니라 불필요한 대기 시간, 자료를 찾는 데 걸리는 시간 등이 현저히 줄었다. 청와대 업무 시스템의 혁신이자, 말 그대로 '정보의 정원'이 펼쳐진 것이다. 이지원은 다행히 정권 교체 이후에도 살아남아 '위민'이라는 이름으로 오늘날까지 계속 운영되고 있다고 한다.

이명박 대통령은 한 마디로 "내가 해봐서 아는데"라는 특유의 화법과 일맥상통하는 스타일이었다. 대통령으로서의 그와 같이 일해 본 경험은 없지만, 초선 의원 시절 같은 상임위원회에서 활동할 때부터도 그랬다. 당시 경제과학위원회라고, 경제와 과학을 함께 엮어놓은 독특한 위원회가 하나 있었는데, 다들 서로 안 가려고 하던 비인기 상임위라 소위 '노땅들' 빼고 죽이 맞는 건 우리 두 사람밖에 없었다. 그때도 그는 몽골 초원을 통째로 개발해 한반도 식량 문제를 한꺼번에 해결한다거나, 북한과 중국 헤이룽장 성, 시베리아를 연결해 유라시아 대륙의 중심 국가가 되는 구상을 술자리에서 틈만 나면 입에 올리곤 했었다. 자신의 계획이 언제나 옳다는 확신이 있었고, 하면 되는데 왜 다들 시도조차 안 해보는지 늘 답답해했다.

그런 자기 확신으로 온갖 반대 의견을 일축하며 밀어붙여 성공을 거둔 게 서울시장 재직 시절의 청계천 재개발과 버스 중앙차로 개편이고, 그걸 바탕으로 그는 대통령이 됐다. 그러니 국무회의건 수석회의건 토론이나 다양한 의견 수렴 절차를 그가 얼마나 중시했을까 짐작해보면 결론은 쉽게 나온다. 그런 면에서 그는 철저한 상명하복 문화에 익숙한 전형적인 '건설맨'이었고, "자네, 해봤어?"라는 말 한마디로 상대의 입을 닫아걸게 한 정주영 전 현대 회장의 적자였다.

그러나 자신만이 옳고 그 누구보다 더 많이 안다고 생각하는 지도자는 사람을 잃기 쉽다. 조금 부족한 부분이 있어야 도와줄 사람이 생긴다. 지도자가 너무 혼자만 앞서나가면, 주변 사람들은 "도와주려 해도 별로 도와줄 게 없다"고 느낄 수밖에 없는 것이다. 물론 대통령에게 적극적인 토론과 자신감은 아주 중요하다. 하지만 재승박덕才勝薄德이라 하지 않는가. 자신의 똑똑함과 유능함에 빠진 독선가는 덕德을 잃기 쉽다.

"모든 논쟁과 토론에서 승리하는 사람은 사실 스스로 지고 있는 셈이다."

벤자민 프랭클린Benjamin Franklin이 노년에 한 말이다. 그는 자신이 어떤 논쟁에서도 지지 않았다고 말한다. 젊어서나 늙어서나 이기기 위해 공부했고, 싸워서 반드시 이겼다고 말이다. 그러나 프랭클린은 "쉰 살이 넘어서 나는 내가 이긴 게 아니라 진 거라는 걸 깨달았다. 홀로 남아 외로이 정상에 서 있는 나 자신을 발견한 것이다"라고 말했다. 대통령은 주변에 사람을 잃으면 아무것도 하지 못한다.

회의? 그건 낭독회야

마지막으로 박근혜 대통령 이야기를 해보자. 지난 2016년 11월 국회 교육문화체육관광위원회 전체회의에 참석한 조윤선 장관은 "정무수석으로 재직한 11개월 동안 박근혜 대통령과 독대한 적이 있느냐"는 야당 의원들의 질문에 "없다"고 답했다. 그해 초 신년 기자회견에서 박근혜 대통령은 "장관들에게 대면보고를 받느냐"는 한 기자의 질문에 "전화 한 통으로 빨리빨리

할 때가 편할 때가 있다"며 주변에 앉아 있던 장관들에게 "그런데 대면 보고가 필요하다고 생각하세요?"라고 되물었다. 순간 기자회견장은 장관들이 일제히 터뜨린 "하하하"하는 웃음소리로 가득 들어찼다.

그 장면을 텔레비전으로 지켜본 나는, 할 수만 있다면 조윤선과 장관들을 불러 모아 놓고 한바탕 호통을 치고 싶은 심정을 억누르기 힘들었다. "한 나라의 장관으로서 그런 대답이 쉽게 나옵니까? 대체 웃음이 나오느냔 말입니다!"하고 말이다.

청와대의 공식적인 수석비서관 회의는 보통 일주일에 두세 번 정도 열린다. 한 번은 대통령 주재 수석비서관 회의, 이른바 '대수비'이고, 나머지 한두 번은 흔히 '실수비'라 불리는 비서실장 주재의 수석비서관 회의다. 물론 회의의 횟수와 빈도는 정권이나 시기에 따라 다를 수가 있다. 참여정부 시절에는 회의 자체가 많아 실수비는 거의 매일 열렸고, 그중 일주일에 두 번가량은 대통령이 참석했다. 그밖에도 정무적 판단이 필요한 사안이 있을 때는 대통령이 그때그때 담당 수석비서관과 비서실장을 본관 집무실이나 관저 접견실로 불렀다.

대통령이나 국무총리가 주재하고 장관들이 국무위원으로 참석하며 비서실장과 서울시장 등이 배석하는 국무회의는 일주일에 한 차례씩으로 일정이 미리 정해져 있다. 이는 공식적인 회의가 그렇다는 것일 뿐, 역시나 대통령이 필요하다고 여길 경우 수시로 장관들을 청와대로 불러들여 보고를 받고 지시를 내리는 게 역대 대통령의 일상적인 모습이었다.

그런데 박근혜 대통령은 이 모두를 소홀히 하거나 아예 안 했다는 거다. 일단 대수비는 한 달에 한 번꼴로만 열렸고, 2016년에 열린 53번의 국무회의 중 대통령이 참석한 회의가 15번에 불과했다는 이야기가 전해진다. 그렇다면 시시때때로 수석비서관과 장관들을 불러들여 일대일로라도 보고를 받고 궁금한 건 물어보고 해야 정상이 아니겠는가. 아무리 청와대는 서면보고가 기본이고 필요할 경우 대면 보고를 한다고 해도, 회의도 참석 안 해, 대면보고도 안 받아, 그러면 서류만 받아 보고서 어떻게 나라 돌아가는 사정을 제대로 파악하고 적절한 지시를 내릴 수 있겠느냐 말이다. 그나마 참석한 국무회의와 수석비서관회의에서도 대통령이 미리 준비한 원고를 읽고 나머지 참석자들은 초등학생처럼 수첩에 열심히 받아 적기만 하는 모습만 보여줄 뿐이니, 박근혜 정부를 가리켜 소통이 완전 배제된 불통정부라 비판했던 것도 전혀 과장이 아니다.

문제는 국정운영의 또 다른 한 축인 국회와의 관계에서도 똑같은 태도를 견지해왔다는 데 그 심각성이 더해진다. 그가 아직 당선자 신분이던 2013년 2월, 나는 야당인 민주당의 비대위원장 자격으로 여당의 황우여 대표와 함께 국회에서 그와 3자 회동을 가진 적이 있었다. 그때는 북한이 4년 만에 3차 핵실험을 감행한 직후라, 나는 안보에 있어서는 여야가 따로 없으며 대한민국 정치권이 한목소리로 북핵 문제에 대응한다는 확신을 국제사회에 심어주기 위해 초당적으로 협력하겠다는 뜻을 전달했다. 그리고 동시에 야당을 국정의 파트너로 받아들인다는 제스처를 보여줄 몇 가지 조치들을 실행에 옮겨 달라고도 분명히 요구했다.

그 자리에서 그가 무어라 답했는지는 솔직히 기억에 없다. 뭐라 뭐라 이야기하기는 했는데, 주어와 서술어가 뒤죽박죽이어서 무슨 말인지 핵심을 파악하기가 어려웠던 것이다. 오히려 그보다 기억에 남는 것은 회동을 마치고 나오는 길에 황우여 당시 새누리당 대표가 건넨 말이었다.

> "아휴, 선배님. 저는 박 당선인 앞에서 그렇게 제 할 말 다하는 분은 처음 봤어요. 정말 대단하십니다."

"아니, 그게 뭐가 그리 대단해? 같이 정치하는 사람끼리 서로 이야기도 못 하나?"

그러자 인수위원회 비서실 정무팀장 자격으로 동석했던 새누리당 이정현 의원도 한마디 거들고 나섰다.

"에이, 우리 여당 의원들은 말도 제대로 못 붙여요. 그러니 앞으로는 할 말 있으면 문 선배님께 대신 전해달라고 부탁 좀 드리겠습니다."

정치적인 입장과 운명을 대통령과 같이 나누는 여당의, 그것도 친박계의 핵심이라 불리는 의원들조차 대통령과의 소통을 마냥 어려워만 하는 현실, 이건 분명히 잘못돼도 뭔가 크게 잘못된 것이다.

박 대통령의 신년 기자회견이 있고 난 다음 날, 나는 민주당 비대위원장의 자격으로 연 신년기자회견에서 "통즉불통通卽不痛, 불통즉통不通卽痛"을 말했다. 이는 허준의 『동의보감』에 나오는 말로, "통하면 아프지 않고, 통하지 않으면 곧바로 병이 난다"는 뜻이다. 사람과 사람이 모여 이룬 가족, 회사, 정당, 국가는 모두 하나의 유기체다. 기와 혈이 잘 통해야 우리 몸이 건강하듯, 다양한 생각과 말과 사상이 위아래로 자유롭게 소통할 수 있어야 사회가 건강해지고 국가가 활기를 띨 수 있다. 박근혜 대통령은 자신에게 반대했던 48.5%까지 껴안고 보듬는 대통령이 되겠다고 약속했지만, 실상은 여당 의원들과 청와대 참모, 장관들에게조차 귀와 입과 가슴을 열지 않았다.

그러니 국민들한테는 오죽했을까. 세월호의 비극이 있고 난 뒤 언젠가 시정 연설을 위해 국회를 찾은 그에게 나는 거듭 부탁하고 또 부탁했다. 국회 본관 앞에서 기다리고 있는 세월호 유가족들 가운데 한 분만, 딱 한 분한테만이라도 좋으니 다가가서 손을 잡고 등을 어루만져 주세요, 라고. 그러나 그는 나의 간곡한 부탁을, 세월호 유가족들의 절절한 아픔을, 함께 위로받고 싶은 국민들의 마음을 끝끝내 외면한 채 유가족들에게 눈길 한 번 주지 않았다.

『군주론』에서 마키아벨리는 군주가 아첨으로부터 자신을 보호하는 유일한 방법은 "진실을 듣더라도 자신이 결코 화를 내지 않는다는 사실을 널리 알리는 것"이라고 말한다. 권력을 가진 대통령이 소통을 하려면 자신에게 오는 불편한 진실을 받아들일 수 있어야 한다. 공적인 존재로서의 대통령을 향한 날 선 비판과 반대를 '개인으로서의 나를 향한 모욕이나 거부'와 분리할 수도 있어야 한다. 때로는 아프겠지만, 대통령은 그래야 한다. 대통령이 소통하지 못하면 온 나라가 병들고, 대통령이 귀를 닫으면 민주주의도 함께 닫혀버리기 때문이다.

06

대통령의 공식 최측근
: 비서실장

비서실장은 청와대 비서실의 책임자이자 대통령의 최측근으로서, 대통령의 국정 운영에 결정적인 역할을 한다. 알려진 대로, 문재인 민주당 전 대표는 비서실장 시절 과로에 스트레스까지 겹쳐 이빨을 10개나 뽑아야 했다. 원래는 변호사 출신답게 발음도 정확하고 전달력도 좋았던 그가, 오늘날 연설을 할 때 노인처럼 다소 어눌한 말투로 변하게 된 것도 다 그 탓이다. 심지어 성격상 웬만해서는 스트레스를 받아본 적이 없던 나도 참여정부 초대 비서실장을 하면서는 난생처음 알레르기와 두드러기로 꽤 애를 먹었다. 이렇듯 비서실장이라는 자리는 스트레스를 받지 않으려야 않을 수가 없다.

당시 나에게 가장 스트레스가 된 부분은 "만사를 다 꿰고 있어야 한다"는 부담감이었다. 흔히 대통령과의 거리를 권력의 크기에 비례한다고 보는 사람들이 많고 실제로 그런 측면도 없지 않지만, 정작 나는 이 '가까운 거리' 때문에 늘 긴장을 늦출 틈이 없었다. 예를 들어 대통령이 갑자기 어떤 사안에 대해 "그거 어떻게 돼 갑니까?"라고 물으면, "글쎄요, 잘 모르겠습니다"라고 대답할 수는 없는 노릇 아닌가. 그러니 비서실장은 무조건 대통령보다 한발이라도 더 빨리, 더 많은 정보를 챙기고 있어야 했고, 그러려면 출근 즉시 책상에 수북이 쌓인 그 날의 아침 신문과 보고서들을 하나도 빠트리지 않고 읽어야 할 뿐 아니라 대통령에게 보고해야 할 사안과 예상 질문에 대한 답변들을 항상 고민해야 했다.

대통령 보좌 + 비서실 관리 = 비서실장의 업무

이런 비서실장의 업무를 크게 나누자면, 대통령 보좌와 비서실 관리라는 두 개의 범주로 구분할 수 있다. 비서실장은 먼저 대통령의 일정과 메시지 관리를 포함해서 대통령의 국정운영 전반을 보좌한다. 오늘은 대통령이 아침에 무슨 회의를 하고, 점심에는 누구와 오찬이 예정돼 있으며, 오후에는 어디를 방문하는지, 그리고 그 사이사이 시간동안에는 청와대 어디에서 무엇을 하고 있을지를 분 단위로 술술 꿰고 있어야 한다. 그러니 누구처럼 세월호 7시간 동안 대통령이 청와대 어디에 계셨는지까지는 비서실장이 정확히 알지 못한다는 건 말이 되지 않는다. 만약 정말로 몰랐다면, 그건 비서실장으로서 당장 사퇴감이다.

비서실장은 또한 대통령의 메시지도 관리한다. 물론 연설비서관이 따로 있고 대통령도 사전에 연설문을 읽으면서 자신의 화법에 맞게 직접 수정하는 과정을 거치기는 하지만, 오늘 이러이러한 자리에서 가장 핵심적으로 강조해야 할 메시지는 뭐고 향후 국정에 미치는 영향을 고려할 때 신중해야 할 표현이 무엇인지 등을 판단하는 데 있어서는 비서실장이 제 몫을 해주어야 한다. 대통령의 말 한마디는 일단 입 밖으로 나가는 순간 어마어마한 파장을 불러올 수도 있기에, 세련되고 매끄러운 문장 이전에 치밀한 정치적 판단이 더 요구되기 때문이다. 그 밖에 국민 여론을 대통령에게 전달한다든지, 당정 간의 관계를 조율하고 정무적인 조언을 하는 일도 비서실장의 빼놓을 수 없는 업무에 포함된다.

다음으로 500여 명에 가까운 비서실을 관리하는 것도 비서실장이 해야 할 큰일이다. 개성 강한 수석비서관들 사이에서 불협화음이 생겨나지 않게 잘 조율하고 다독이는 일은 생각보다 만만치 않다. 대통령도 인간이니만큼 특별히 더 총애하는 참모와 그렇지 않은 참모 사이에 차이가 벌어질 수 있는데, 혹시라도 그래서 '왕 수석'이니 '실세'니 하는 말이 나오지 않도록 비서실장이 균형을 잡아주어야 한다. 게다가 대통령에게 모든 현안을 일일이 다 보고할 수는 없는 노릇이라, 비서실장 선에서 경중과 우선순위를 따져 적당히 자를 건 자르고 키울 건 키우는 교통정리도 필요하다.

비서실장은 어떤 사람이어야 할까

비서실장은 추천이 소용없는 자리다. 100% 대통령의 의중에 따라 선택된다는 이야기다. 물론 그 '의중'이 꼭 '내가 데리고 있기에 편한 사람'을 의미하지는 않는다. 김대중 대통령은 초대 비서실장으로 구舊 민정당 출신의 김중권 씨를 앉혔다. 애초 정권 교체의 공신인 동교동계 측근 중 한 사람이 비서실장을 맡게 될 거라 예상됐지만, 다수의 의표를 찌른 파격 인사를 감행한 것이다. 이는 정권에 부담을 주지 않기 위해 일찌감치 2선 후퇴를 선언한 동교동계 측근들의 양보와 더불어 김대중 대통령 특유의 균형 감각과 자신감이 크게 작용한 인사였다. 판사 출신의 온유하고 합리적인 이미지의 김중권은 역사상 최초의 여야 정권교체를 맞이해 기대감 못지않은 불안감을 느끼고 있던 국민들에게 안정감을 심어주기에 적격이었으며, 경북 울진 출신이라 지역 균형 인사의 취지에도 안성맞춤이었다. 다른 한편으로 민정당의 후신인 민자당에서 제명된 그를 당시 야당이던 새정치국민회의로 끌어들인 것도 김 대통령 자신이었기에 그의 보수적인 정치적 성향은 충분히 컨트롤이 가능하다는 자신감이 있었던 것이다.

그렇다면 나는 어떻게 비서실장이 됐을까. 한동안 나도 궁금해하던 이 부분은 어느 날 노무현 대통령이 직접 그 궁금증을 풀어 주었다. 그가 대놓고 나에게 물었다.

"내가 왜 문 실장을 비서실장으로 선택했는지, 혹시 아십니까?"

"글쎄요, 저도 언젠가 여쭤보고 싶었습니다만."

"제가 가장 힘들고 어려울 때 발 벗고 나선 분이기 때문입니다."

음, 그런 거였군. 2002년 그는 민주당의 대통령 후보를 뽑는 국민 경선에서 저만치 앞서가던 이인제 의원을 드라마처럼 따라잡고 후보로 선출되었다. 그러나 그가 꺼낸 민주세력 대통합론이 별다른 반향을 못 불러일으킨 데다 그해 6월에 치러진 지방선거에서 민주당이 참패한 책임까지 뒤집어쓰면서, 한때

60%를 넘어서던 그의 지지율은 반의반 토막이 났다. 그러자 당내에서는 '노무현으로는 대선 필패'라는 후보 교체론과, '월드컵의 남자' 정몽준 국민통합21 대표로의 단일화를 요구하는 주장이 거세게 터져 나왔다.

그렇게 그가 거대한 풍랑을 만난 돛단배처럼 마구 흔들릴 때, 나는 초선들을 위주로 당내 의원 30여 명을 끌어모아 노무현 흔들기에 반대하는 기자회견을 연 바 있다. 딱히 그를 열렬히 지지해서라기보다는, 당원들과 국민들을 반반씩 참여시켜 기껏 축제처럼 국민경선을 치러놓고는 이제 와서 지지율 좀 떨어졌다고 공당의 후보를 교체하자는 게 나의 민주주의 상식으로는 도저히 이해할 수 없었기 때문이었다.

그러다 후보 단일화로 풍랑이 가라앉고 국민통합21과의 공동선거대책본부가 꾸려지게 되자, "저는 내일부터 앞에 안 나설게요" 하면서 내가 슬쩍 뒤로 빠져 주더란다. 보통 선대본에서 주요 직책을 맡게 되면 정권 창출 뒤 그 공을 인정받아 장관이나 청와대 요직으로 진출하는 경우가 많기 때문에 욕심을 낼 법도 한데, 나는 그렇지 않더라는 것이었다. 노 대통령은 그때 '아, 이 정도로 사심 없는 양반이면 함께 일할 만하겠다'하는 판단을 했다고 했다. 그러나 그가 밖에서 설명하는 버전은 좀 달랐다.

"저는 삐죽한 사람인데 문 실장은 둥글둥글한 분입니다. 수석을 놓을 때 밑에 둥근 받침돌을 놓고 그 위에다 삐죽한 돌을 올려놓으면 참 안정감 있고 잘 어울리지 않습니까?"

나는 대통령의 이 말을 곧 '나는 앞장서 싸우는 싸움꾼 역할을 할 테니, 당신은 뒤에서 얻어터져 뒹구는 사람들을 잘 치료하고 다독이는 역할을 하라'는 뜻으로 이해했다. 실제로 나는 전쟁터 같은 여의도 정치 생활을 해왔지만, 천성적으로 내 손에 피를 묻혀가며 상대와 죽기 살기로 싸우는 건 체질에 잘 맞지 않았다. 그게 정치인으로서 나의 장점인 동시에 약점인 건데, 어쨌건 나는 여당과 야당을 가리지 않고 두루 소통하는 것만큼은 자신이 있었기에 대통령의 그런 '둥근 받침돌' 역할론이 몸에 딱 맞는 옷을 입은 것처럼 더없이 편안하게 들렸다.

반면 노 대통령은 자신에게 있어서만큼은 내가 삐죽한 돌이기를 원했다. 하루는 그가 나를 불러 어떤 현안에 대한 자신의 생각을 차근차근히 설명하는데, 내 생각과는 정반대되는 내용이었다. 그래서 내가 한바탕 논쟁을 벌일 각오를 하고 "대통령님, 그건 절대 안 될 것 같습니다"고 했더니 웬걸, "그래요. 안 된다는 소리 들으려고 불렀습니다"라고 순순히 물러서는 게 아닌가. 이렇게 비서실장을 날마다 시험에 들게 하는 대통령, 그 때문에 스트레스는 이만저만이 아니었지만 왠지 밉지는 않았다.

하지만 내가 총선에서 열린우리당 후보로 차출돼 청와대를 떠나온 뒤로 자리를 이어받은 후임 비서실장들의 임명 이유는 각각 달랐던 것 같다. 참여정부에서는 나를 비롯해 김우식, 이병완, 문재인, 이렇게 네 사람이 순서대로 비서실장 자리를 거쳐 갔다. 연세대학교 총장이자 공대 교수 출신의 김우식 비서실장은 어찌 보면 정치 초년생이었지만, '이제 정치적인 틀을 갖췄으니 과학 기술 등의 정책을 중심으로 나라를 제대로 발전시켜보겠다'는 상징적인 의미가 있었다. 또한 노 대통령은 연세대 총장직을 무난히 잘 수행한 김 실장이 청와대 비서실 관리자로서 해야 할 역할도 잘 해낼 거라는 기대도 품고 있었다.

다음으로 이병완 비서실장의 경우는 참여정부 인수위원회부터 시작해 청와대 정책수석실 비서관, 홍보수석비서관 등을 거쳐 비서실장에까지 차근차근 단계를 밟고 올라온 인물로서, 나이는 젊었지만 똑똑하고 내공이 있어서 대통령과 마주 앉아 토론이 가능할 정도였다.

마지막으로 문재인 비서실장은 자타가 공인할 만큼 노 대통령이 정치적으로나 인간적으로 신뢰하고 편안하게 여겼던 사람이다. 정권 초기 그가 민정수석으로 추천됐을 때, 부산에서 이름을 날리던 인권변호사 출신이라는 정도가 그에 대해 아는 전부였던 내가 노 대통령에게 "이거 친하다고 아무나 막 데려오시는 거 아닙니까?" 하고 농담 반 진담 반으로 불평했을 정도니 말이다. 그러나 실제로 그는 민정수석으로서의 업무도 비교적 매끄럽게 잘 처리했고, 그 덕분에 비서실장 자리에까지 오를 수 있었다는 점은 부인할 수 없다.

다만 역대 대통령의 비서실장 인선을 돌이켜보면, 임기 초기에는 실무적인 판단과 정치적인 당위가 작용하는 데 비해, 임기 말에는 저물어가는 석양의 허전함을 함께 견딜 만큼의 인간적인 신뢰가 크게 작용한다는 것도 사실인 것 같다. 김대중 대통령의 마지막 비서실장이 박지원, 노무현 대통령은 문재인, 이명박 대통령은 방송인 출신의 하금열이었던 게 그 방증이다.

대부분의 사람들이 그렇듯, 박근혜 정부에서 가장 강렬한 인상을 남긴 비서실장은 역시 '왕실장' 김기춘이다. 나는 김대중 정부에서 정무수석을 그만두고 국정원 기조실장으로 옮겨갔을 당시, 국회 정보위원회 소속 국회의원이던 그와 처음 얼굴을 마주했다. 겉으로 보기에 그는 조용하고 차분한 선비 같았다. 독일 병정처럼 딱딱 끊어지는 말투는 군더더기 하나 없었고, 행동

거지도 정중했으며, 머리는 지금처럼 잘 빗어 넘긴 채였다.

그러나 꼿꼿한 외모와는 달리 그는 당황스러우리만치 권력에 집착하는 해바라기 같은 사람으로 보였다. 그는 공안검사 출신으로서 틈만 나면 법과 질서를 입에 올리지만, 법은 곧 힘이요 질서는 곧 힘을 가진 권력자의 뜻이라 여겼던 게 아닐까.

종종 사람들은 박정희 정권 아래에서 나는 새도 떨어뜨리고 우는 아이도 뚝 그치게 한다는 중앙정보부 대공수사국장에다 노태우 정권 때는 검찰총장, 김영삼 정권 때는 법무부 장관에 이르기까지 권력의 꽃가마만 타왔던 그가 내일모레 여든을 바라보는 나이에 무슨 부귀영화를 더 누리겠다고 욕심을 부리다 오늘날 이 지경까지 이르렀을까, 도저히 이해가 안 간다고 입을 모으곤 한다. 참 불쌍하고 안쓰러운 인생이다. 그런 그에게 내가 같은 정치인으로서 평소 즐겨 새겨온 고은 시인의 '그 꽃'이라는 시를 읽어주는 것으로 이번 장은 마무리하도록 하자.

내려갈 때 보았네

올라갈 때 보지 못한

그 꽃

07

집이라기엔 쓸쓸하고 일터라기엔 비효율적인 : 청와대

세월호 참사가 일어난 운명의 2014년 4월 16일, 사고를 처음 보고 받은 후 7시간 동안 청와대의 김장수 국가안보실장은 박근혜 대통령이 어디에 있는지 그 정확한 소재를 파악하지 못했다는 이야기가 들려온다. 반면 박 대통령은 자신이 관저 집무실에서 밀린 업무를 처리하고 있었다고 '주장'한다. 박근혜 정부에서 민정수석실 공직기강비서관을 지낸 조응천 민주당 의원은 한 방송에서 청와대 재직시절 참모들이 대통령 얼굴 한 번 마주하기가 얼마나 어려웠는지를 다음과 같이 설명한 바 있다.

"김기춘 비서실장이 아예 당일 보고를 못하는 날도 많았고, 참모 중 한 사람은 대면 보고를 하기 위해 관저 앞에서 기다리고 있다가 출근하는 박근혜 대통령의 차에 동승해 본관까지 가는 5분 동안 보고를 해야 했다고 털어놓기도 했다."

상식적으로 도저히 납득이 되지 않는다. 철저히 대통령을 중심축으로 돌아가는 청와대라는 공간을 잘 아는 나로서는 더더욱 그렇다. 그러나 한 번도 그 곳에 발을 들여놓은 적이 없는 대부분의 국민들 가운데는 행여나 그럴 수도 있지 않을까, 생각하는 이해심 많은 분들도 계실지 모르겠다. 듣자하니 청와대 경내가 꽤 넓고 복잡하다던데, 그리고 대통령의 안전을 위해 그 소재를 기밀에 부치기 때문에 그런 거 아닐까, 하고 말이다.

결론부터 말하자면 전혀 그렇지 않다. 청와대 안이 넓기는 해도 내부 공간의 배치와 활용은 주먹구구식으로 대충 하는 게 아니다. 무용수들이 무대 위에서 집단 군무를 출 때와 같이 주인공인 대통령이 어디로 입장하고 나가는지, 그의 무대 위 동선과 시간에 따라 조연인 참모들은 어디에서 어떤 춤을 추고 있어야 하는지가 하나하나 대본에 따라 딱딱 미리 정해져 있어야 정상인 것이다. 또한 혹시나 있을지 모르는 위급 상황과 그 때의 대통령의 안전을 위해서라도 핵심 참모들은 대통령의 일거수일투족을 24시간 꿰고 있어야 마땅하다.

청와대 안에서 대통령이 행방불명이라니?

청와대의 원래 이름은 '경무대景武臺'였다. 경복궁景福宮의 빛날 '경'자와 북악산을 지칭하는 현무玄武의 '무'자를 따온 것이다. 일제 강점기에 총독 관저로 지어져 해방 이후에는 미군 사령관 관사로 쓰이던 공간을 대한민국 초대 정부 수립 직후인 1948년부터 대통령 집무실 겸 관저로 사용한 게 그 시초였다. 그러던 1960년 4·19혁명 뒤 대통령에 취임한 윤보선은 독재의 상징이던 경무대의 명칭을 대통령 관저의 기와 색깔에서 착안해 청와대靑瓦臺로 바꿨다.

이 청와대는 크게 8개의 공간으로 나눌 수 있다. 상시적인 공간은 대통령의 집무실이 포함된 본관, 거처인 대통령 관저, 비서관들이 근무하는 위민관, 청와대 출입기자들이 상주하는 춘추관, 그리고 경호실이다. 외빈들을 맞이하는 간담회장인 상춘재, 외국 정상들과의 오찬장인 영빈관, 본관 서쪽에 있는 회의장소인 서별관 등은 행사가 있을 때에만 사용한다.

이 중 대통령 집무실은 본관 2층에 자리해 있다. 여러분이 텔레비전 뉴스 화면에서 가끔 보곤 하는, 커다란 나무 책상에 놓인 의자에 앉아 결재서류에 서명을 하는 대통령의 등 뒤로 봉황 두 마리가 가운데의 무궁화를 호위하고 있는 듯한 문장紋章이

벽에 새겨져 있던 그 방이 바로 집무실이다.

특별한 일정이 없는 경우 대통령은 아침에 출근해 이 방 책상에 앉아 서류를 검토하거나 보고서를 읽고, 참모들은 결재서류를 들고 그 곳을 드나든다. 그러다 사전에 면담 약속이 잡힌 사람들이 찾아오면 대통령은 접견실이나 다섯 명 정도 앉을 수 있는 작은 회의실인 백악실로 자리를 옮겨 그들을 맞이한다. 그 밖에도 본관 2층에는 연회실과 연설 비서관실, 부속실 등이 있고, 건물 내부는 유사시에 바로 옮겨갈 수 있는 지하 벙커와 서로 연결되어 있다.

수석 비서관과 휘하의 비서관들이 일하는 위민관은 총 3개 동으로 구성돼 있다. 가장 최근인 2004년에 지은 위민1관에는 정무수석실과 비서실장실, 위민2관에는 민정수석실, 위민3관에는 홍보수석실 등이 있다. 여기서 본관까지는 걸어서 15분가량이 소요되기 때문에 수석 비서관들은 대통령을 만나려면 본관 집무실까지 주로 차를 타고 이동해야 한다.

과거 노무현 대통령은 그런 거리 차이가 업무의 효율을 떨어뜨리고 대통령과 참모들 간의 원활한 의사소통을 방해하는 요인 중 하나라 판단했다. 그래서 아예 비서진들의 업무 공간을 자신이 일하는 본관으로 통째 옮기는 구조 변경을 지시했다. 그러나 비서실장인 내가 아무리 방법을 찾아봐도 건축 설계 상의 문제 때문에 불가능하다는 게 전문가들의 일치된 의견이었다. 그래서 어쩔 수 없이 위민관을 하나 더 만들어 위민1관이라 이름 붙이고, 거기에도 대통령의 집무실과 대기실을 따로 두는 것으로 계획이 변경되었다. 단순히 공간만 만들어 놓은 게 아니라, 실제로 초기에 노 대통령은 본관이 아닌 위민관으로 출근하는 경우가 더 잦았다. 그러다보니 결재에 소요되는 시간도 줄어들었고, 무엇보다 필요할 경우 비서관들은 수시로 대통령을 찾아가 보고를 올리고 대화를 나눌 수 있게 되었다.

이렇게 해서 청와대 안에는 본관과 위민관에 각각 하나씩 두 군데의 대통령 집무실이 생기게 됐다. 그러나 김기춘 비서실장 등이 주장한 대통령의 관저 '집무실'이란 건 아예 존재하지 않았고, 또 구조상 존재할 수도 없다. 대통령 관저는 겉으로 보기엔 두 동이지만 안쪽에서는 복도로 연결되어 있는 구조다. 그 중 큰 쪽이 대통령 부부가 생활하는 본채로, 맨 처음 들어가면 신발장 같은 게 있고 한쪽으로 대기실과 소회의실, 접견실, 식당 등이 있다. 거기를 지나 복도를 따라가면 침실과 개인 서재가 있는 내실이 나오는데, 생각보다 작고 아담한 이곳은 완전히 개인적인 공간이라 참모들이 들어갈 일은 없다.

그렇다면 저들이 이야기하는 집무실이란 아마도 4,50평쯤 되는 식당 옆에 방을 두 개쯤 지나 마련된 작은 서재 같은 공간을 말하는 게 아닐까 싶은데, 여기는 네댓 명이 의자를 놓고 앉으면 꽉 찰만큼 좁은 공간이다. 늦은 밤부터 이른 아침 사이에 비상 상황이 생겼을 때 연락은 취해야 하니까 그저 전화와 팩스 정도를 가져다 놓은 게 전부라, 대통령이 일상적으로 집무를 볼만한 공간이 안 된다.

백번 양보해 박 대통령이 비좁은 공간이라야 일의 집중이 잘 되는 독특한 성향을 지녔다고 치자. 그래도 최소한 집무를 본다고 이야기할 수 있으려면, 참모들이 언제든 자유롭게 관저를 드나들 수 있어야 보고도 받고 결재서류에 서명도 하고 할 거 아닌가. 하지만 관저 입구에는 별도로 대문과 경호원들이 배치돼 있어 비서실장도 매우 급한 일이 아니면 쉽게 들어갈 수가 없다. 나 역시도 두 명의 대통령과 일하면서 관저에 들어간 기억은 노 대통령이 막걸리 한잔 하자고 불렀을 때를 포함해 손에 꼽을 정도였다. 게다가 거리도 관저에서 본관까지는 걸어서 약 15분이나 걸려 대통령들은 대부분 차를 타고 다녔고, 노 대통령 정도나 자전거를 타고 출퇴근 했지 대낮에 그 거리를 일상적으로 왔다 갔다 하는 사람들은 없었다. 그러니 뻔히 드러날 거짓말은 좀 그만하고, "솔직히 그 날 공무원 복무규정을 어기고 출근을 안 했습니다, 죄송합니다", 이렇게 용서를 구하는 게 도리가 아닐까 싶다.

부럽구나, 격의 없는 외국의 대통령 집무실

그나저나 대통령이 생활하는 공간과 집무를 보는, 아니 '봐야 할' 공간, 그리고 비서관들이 상주하는 공간이 각각 차를 타고 이동해야할 만큼 서로 떨어져 있는 현재의 청와대 구조는 업무상 매우 비효율적인 게 사실이다. 참모들이 결재 한 번 받을 때마다, 대면보고 한 번 할 때마다 일일이 건물을 나서 이동해야 한다는 건 그만큼 물리적인 거리 뿐 아니라 심리적인 거리까지도 떨어뜨려놓을 수밖에 없다. 그렇지 않아도 국민들과의 접촉이 차단된 채 구중궁궐에 갇히기 쉬운 대통령이 자칫 참모들로부터도 고립되기 쉬운 구조인 것이다. 그리고 고립된 지도력은 민심과 유리된 자폐 권력이 될 확률이 그만큼 더 커진다. 공간을 바꾸면 생각보다 많은 것들이 변할 수 있다.

이는 가운데의 중앙관저Executive Residence를 중심으로 동쪽의 퍼스트레이디 집무실East Wing과 서쪽의 대통령 및 그 보좌진들의 집무 공간West Wing이 붉은 복도colonnade를 따라 연결되어 있는 미국 백악관과 비교해볼 때도 더욱 그렇다.

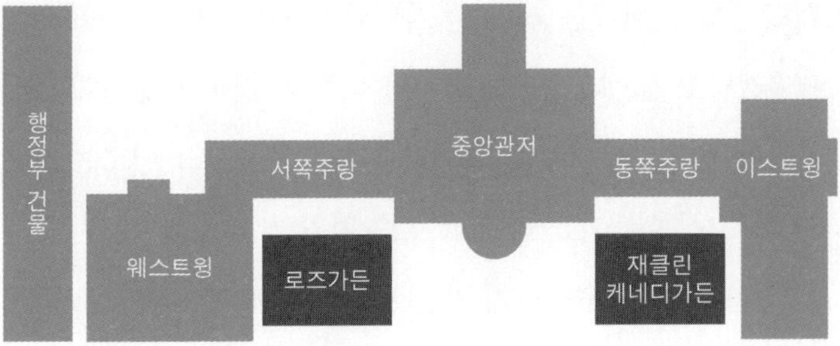

미국 백악관의 구조

나는 빌 클린턴Bill Clinton 미 행정부 시절 당시 대한민국의 야당이던 민주당의 이기택 대표를 비서실장 자격으로 모시고 백악관을 직접 방문한 적이 있다. 직원의 안내를 따라 들어간 웨스트 윙 1층에는 대통령 집무실인 오벌 오피스oval office를 비롯해 각료 회의실, 대변인실, 비서실장실, 부통령실, 국가안보보좌관실이 죄다 옹기종기 모여 있었고, 2층에는 각각의 보좌관실과 접견실 여러 개가 위치해 있었다. 그곳을 잠시 둘러본 우리는 예방이 예정돼 있던 앨 고어Al Gore 부통령실로 곧 안내됐다. 문 앞에는 꽤 나이 많은 할머니 직원 한분만이 홀로 앉아 컴퓨터도 아닌 타자기를 두들기고 있었다. 그 안쪽은 미국의 부통령이 근무하는 방이라고 해서 뭔가 근사하고 으리으리할 줄 알았더니 웬걸, 의외로 작고 소박했다.

그렇게 부통령과 악수를 나누고 잠시 둘러 앉아 담소를 나누고 있는데, 이번에는 직원 한 사람이 들어와 기념사진을 찍어도 되겠냐고 물었다. 암, 어딜 가나 남는 건 결국 사진인데 당연히 찍어야지. 그런데 순간 카메라를 들고 방으로 들어오는 사진사를 보고선 화들짝 놀라지 않을 수 없었다. 히스패닉계인 듯한 그는 턱수염을 덥수룩하게 기른 채 청바지에 맨 티셔츠 차림이었던 것이다. 그 뿐만이 아니었다. 앨 고어 부통령과 나란히 부동자세를 취한 우리가 무색해질 정도로 사진사는 앞으로 다가왔다 앉았다, 심지어는 바닥에 드러눕고 난리도 아니었다. 정장에 넥타이까지 말끔히 맨 사진사가 정중하게 서서 "자, 그럼 찍겠습니다, 찰칵"하는 장면만 봐오던 우리로서는 참으로 신선한 문화적 충격이 아닐 수 없었다.

그러는 사이 이윽고 그 곳을 떠나야할 시간이 됐다. 부통령은 대통령과 함께 그리스인가 어딘가의 정상을 만나기로 돼 있다며 우리와 함께 방을 나섰다. 속으로 '여기까지 온 김에 클린턴 얼굴이나 한번 봤으면 좋겠구먼'하고 생각하던 찰나, 마치 거짓말처럼 복도에서 클린턴 대통령이 짠하고 나타났다. 우리는 그의 집무실 바로 앞에 있는 회의실인 루스벨트 룸으로 자리를 옮겨 악수와 짧은 인사를 나눴다.

그 때 보좌관처럼 보이는 사람이 나타나 대통령의 어깨를 툭

치며 빨리 가야할 시간이라고 재촉했다. 그러자 대통령은 부통령을 잡아끌며 우리에게 손을 흔들고는 황급히 자리를 떴다. 나머지 한 손에는 아마도 정상회담 때 나눌 대화 자료일 것 같은 서류 뭉치를 직접 쥐어든 채였다. 그렇게 정원 사이로 뛰어가는 두 사람의 뒷모습을 바라보는데, 나도 모르게 울컥 눈물이 나려고 했다. 아, 이들은 대통령에서부터 말단 사진사에 이르기까지 저렇게 한 공간에서 스스럼없이 어울리며 일을 하는구나, 하는 생각에서 말이다.

듣자하니 이번 19대 대통령 선거에 출마한 민주당의 문재인 후보는 대통령 집무실을 세종로 정부종합청사로 옮기겠노라 약속했고, 안희정과 이재명 후보는 청와대와 국회 전체를 세종시로 옮길 것을 제안했다고 한다. 셋 중 하나든, 아니면 다른 그 누가 되든 간에 참모들이나 공무원들과의 물리적 거리뿐 아니라 심리적 거리까지도 대폭 좁힌 대통령, 그래서 궁극적으로는 국민들에게도 더 친근하게 다가간 대통령으로 오래오래 기억됐으면 하는 바람이다.

08

여기가 바로 컨트롤타워다
: 국가안전보장회의(NSC)

테러리스트들에 의해 공중에서 민간 여객기가 납치됐다. 그나마 조종석으로 들이닥치기 전, 기장이 그 사실을 관제탑에 알렸다. 이내 장면이 바뀌고, 카메라는 가운데의 대통령을 중심으로 장관들과 군 장성들이 커다란 타원형 탁자에 둘러앉아 심각한 얼굴로 대화를 나누는 장면을 비춘다. 그들이 바라보는 앞쪽으로는 벽을 가득 채운 크기의 대형 모니터 화면에서 비행기의 현 위치가 지도 위에서 빨간 점으로 깜박이고 있다. 대통령이 여객기에 관해 묻자, 대형 모니터 한 귀퉁이에는 '2월 15일 오전 9시 15분 LA 출발, 오후 5시 15분 뉴욕 도착 예정, ○○항공 소속 DE353기, 승무원 12명 승객 298명 탑승 확인'이라는 작은 창이 뜬다. "끄응" 대통령은 나지막이 신음을 내뱉고는 공군참모총장 쪽을 바라보며 "만에 하나, 인구가 밀집한 대도시에 추락할 경우를 대비해 즉시 공군 전투기를 출격시켜 격추 대기시키시오"라고 지시한다. 그러자 공군 참모총장은 "Yes, Sir! Mr. President!"라는 짧은 대답과 함께 앞에 놓인 스피커폰의 버튼을 누른다.

이상은 미국의 할리우드 영화에서 우리가 종종 보게 되는 광경이다. 대형 지진이 일어나거나 정체모를 바이러스가 급속히 확산돼 인명피해가 커져도, 저들은 현장으로 무작정 달려가거나 각자 따로 뉴스를 지켜본다든지, 혹은 관저에서 전화만 받고 있지 않고 미리 정해진 방으로 신속히 모여든다. 바로 컨트롤타워다. 물론 이건 미국에만 국한된 이야기는 아니다. 우리나라에도 그럴 때를 대비해 만들어진 공간이 있다. 그것도 청와대 지하 벙커에 말이다.

우리도 '종합 상황실'이 있다

국가안전보장회의는 대한민국 헌법 91조에 명시된 헌법 기관이다. 안보·통일·외교와 관련된 최고의 의결기구로서, 의장인 대통령과 국무총리, 국정원장, 통일·외교통상·국방부 장관, 대통령 비서실장, 청와대 국가안보보좌관, 이렇게 8명의 상임위원으로 구성된다. 기본적으로 대통령이 회의를 주재하고,

사안에 따라서는 참석자들이 더 늘어나기도 하며, 때로는 장관들끼리만 회의하는 경우도 있다.

그러나 김영삼 정부 때까지 NSC는 사실상 유명무실한 기구였다. 그러다 김대중 정부 들어와 처음으로 NSC 사무처가 신설돼 실무를 시작했고, 참여 정부는 임기 시작과 함께 이 사무처를 더욱 강화하는 작업에 착수했다. 사무처 아래에 국가안보 전략기획실과 통일·외교·국방 정책조정실, 정보관리실, 위기관리센터를 각각 마련하고, 2003년 위기관리센터 차원에서 청와대 지하벙커에다 종합 상황실을 만든 것이다.

국민들에게는 민망하고 죄송한 이야기지만, 그 전까지는 정부 차원에서 안보와 각종 재난을 체계적으로 다루는 위기관리 시스템이 아예 없다시피 했다. 김대중 정부 때만 해도 청와대 비서실 산하에 국정상황실을 두어 치안과 국내 상황을 종합 점검하기는 했으나, 국가 재난 사태가 발생했을 때 누가 명령을 내리고 관계 기관들이 어떻게 서로 유기적으로 대처할지에 관한 통합 시스템은 마련돼 있지 않았다.

종합 상황실이 들어선 청와대 지하벙커는 원래 박정희 정부 시절 북한의 공격에 대비해 만들어진 방공호였다. 그래서 딱히 사용할 일도 없었다. 그러던 차에 노 대통령의 지시로 종합 상황실을 어디에 만들까 고민하던 나는 그 지하벙커를 활용하자고 건의했다. 이내 대통령의 재가를 거쳐 공사가 시작됐고, 종합상황실은 최종적으로 2003년 6월에 완전히 제 모습을 갖추게 되었다.

이곳에는 할리우드 영화에 나오는 것과 같이 여러 개의 모니터가 달린 전자 상황판이 있다. 여기에는 육·해·공군 작전사령부, 경찰청, 소방본부, 산림청 등 전국 22개 기관에서 실시간으로 전송하는 정보가 그래픽으로 뜬다. 물론 항공기와 선박의 움직임도 볼 수 있다. 바다를 선택하면 우리나라 주변에서 항해하는 모든 선박의 위치를 확인할 수 있고, 하늘을 선택하면 우리 영공을 날고 있는 항공기들의 움직임을 하나하나 파악할 수 있게 돼 있다.

심지어 세부적인 정보까지도 한눈에 알 수 있었다. 예를 들어 상황판에서 특정 선박을 선택하면 현재 위치뿐 아니라 선박의 국적과 소속, 속도, 목적지, 방향 등이 화면에 주르륵 표시된다. 또한 경찰이 전국 곳곳에 설치한 CCTV 영상, 해경 경비정에 단 감시 카메라에서 찍은 영상도 실시간으로 전송받았고, 현장과의 직접 통화도 가능했다. 국가 재난 사태나 안보와 관련된 비상사태가 일어났을 때 유선으로만 상황보고를 받을 수는 없는 노릇이니, 어찌 보면 진작 갖췄어야 할 시스템이었다. 결론적으로 청와대 지하벙커의 종합 상황실은 모든 국가 재난의 컨트롤타워로서, 시설만큼은 미국을 포함해 그 어느 나라에도 뒤처지지 않았다.

청와대 지하벙커에 컨트롤타워를 세우다

NSC가 다루는 국가 재난 상황은 분야도 다양했다. "모든 재난을 안보적 차원에서 다루라"는 노무현 대통령의 지시에 따라, 북핵을 비롯한 군사안보, 태풍, 홍수, 지진, 산불 등의 자연재난, 대규모 정전, 화재, 침몰, 폭발 같은 인적 재난, 국가 핵심기간시설 마비, 이렇게 4개 영역에 걸친 33개 상황을 천재지변에 준하는 비상사태로 간주했다.

그리고 2005년 11월에는 각각의 위기에 대응하는 표준 매뉴얼 33권, 정부 각 부처와 관계된 위기대응 실무 매뉴얼 280여 권, 해경, 경찰, 소방, 군 등 현장에 투입되는 조직이 해야 할 세부 조치를 규정한 현장 매뉴얼 2,400여 권을 작성했다. 매뉴얼은 각 기관들이 동시에 유기적으로 움직일 수 있도록 체계화한 것이었기 때문에 재난 상황이나 위기 상황이 닥칠 경우 각 기관들은 이 매뉴얼대로 움직이면 됐다. 덕분에 2004년 영남지역에 폭설이 내려 교통 마비 사태가 빚어졌을 당시에도 도로공사와 경찰, 건설교통부 등은 이 매뉴얼에 따라 안정적인 대응이 가능했다.

그렇다면 위급 상황이 터질 시 청와대와 정부는 어떻게 움직이게끔 돼 있을까? 얼핏 복잡한 듯해도 그 기본은 단순하다. 일단 현장에서 사태 발생을 보고받은 상황실은 맨 먼저 청와대와 NSC 구성원들에게 연락을 취한다. 그러면 비서실로부터 연락을 받은 대통령부터 시작해 장관에 이르기까지 모두 눈썹을 휘날리며 벙커 상황실로 달려오는 게 최우선이다. 그다음부터는 실시간으로 파악된 상황에 따라 NSC 구성원들이 적절한 대책을 논의해 현장에다 지시를 내리면 된다.

특히 삼풍백화점 붕괴나 세월호 침몰 같은 재난 상황에서는 현장의 지휘 책임을 신속하고 확실하게 정해주는 게 가장 중요하다. 자칫 지자체와 경찰, 소방서, 해경 인력들이 서로 뒤섞여 우왕좌왕할 수 있어서다. 이는 이후 책임 소재와도 직결되는 문제인 데다 다수를 살리기 위해 소수를 희생해야 하는 어려운 선택의 상황도 있을 수 있기 때문에 현장에서는 쉽게 결정하지 못한다. NSC 의장인 대통령이 나서서 "내가 책임질 테니 해경

청장의 지휘 하에 구조 요원들을 바로 선체에 진입시키고, 생존자 파악과 후송은 군수가 맡아서 지휘하시오" 해줘야 하는 것이다.

2003년 메르스MERS, 중동 호흡기 증후군보다 전염성이 훨씬 강한 사스SARS, 중증 급성 호흡기 증후군가 중국과 동남아를 휩쓸었을 때도 이 상황실에서 위기를 관리했다. 강력한 방역을 실시하고 90만 명을 검역해 국내로의 전파를 차단한 것이다. 그래서 인근 중국에서는 5,328명이 감염되고 349명의 사망자가 나왔으며, 홍콩에서는 1,755명의 감염자와 299명의 사망자가 나온 데 비해, 우리나라에서는 4명의 감염자가 나왔을 뿐 사망자는 아무도 없었다. 세계보건기구WHO는 이런 한국 정부의 노력을 인정해 상반기 사스 방역 모범 국가로 선정하기도 했다.

그뿐만 아니다. 2005년 당시 통일부 장관이었던 정동영의 말에 따르면, 강원도 양양에서 대형 산불이 났을 때도 노무현 대통령은 보고를 받은 뒤 곧바로 상황실로 달려와 상황을 지켜보고 진화 작업을 지시했다고 한다. 같은 해 블라디보스토크를 출발한 화물선이 강원도 원산 앞바다에서 좌초돼 우리 해경 구조선을 북한 영해로 들여보낼 때도, 비무장지대에서 일어난 화재 진압을 위해 분단 이후 최초로 소방헬기를 그곳에 출동시킬 때도 마찬가지였다.

당연히 청와대가 컨트롤타워지

이렇게 종합 상황실을 만들었던 나로서는 세월호 침몰 사고가 일어났을 때의 대통령과 청와대, NSC의 대응을 지켜보며 한마디로 억장이 무너지는 심정이었다. NSC 상임의장인 대통령은 "계속 전화와 서면으로 보고를 받았고, 구조에 최선을 다하라는 지시를 내렸다"는 말로 제 할 일 다 했다 발뺌하고, 상임위원장인 김장수 국가안보실장은 "청와대는 재난의 컨트롤타워가 아니다"라 천연덕스레 말하는 꼴을 내가 지켜봐야 하다니! 취임사에서 "국민의 생명과 안전을 지키는 것은 국민 행복의 필수적인 요건입니다"라고 당당히 말했던 대통령은 대체 어디로 사라졌단 말인가!

물론 첨단 시스템과 기민한 대응을 자랑하던 NSC 종합 상황실이 오늘날 이 지경에까지 이르게 된 데는 이명박 정부의 '노무현 지우기' 탓도 크다. 그는 취임 직후 정부조직 개편안에서 종합 상황실이 속해 있던 NSC 사무처를 아예 폐지하려 했다. 그래서 참여정부에서 일한 관련자들이 청와대 측을 찾아가 상황실의 중요성을 설명하고 NSC 사무처의 폐지를 재고해 달라

요청한 적도 있었다.

그런 노력 덕분이었는지 다행히 사무처는 그대로 유지되었지만, 그 규모와 업무는 대폭 축소되었다. 재난 상황 관련 업무는 중앙재해대책본부로 넘어갔고, 재난 관리를 위한 컨트롤타워로서의 청와대의 역할은 문서에서 사라졌다. 참여정부에서 애써 만든 2,800여 권의 위기관리 매뉴얼들도 모두 트럭에 실려 행정안전부로 보내진 뒤, 그중 일부는 분실되어 지금은 어디에 있는지 행방조차 묘연하다. 구제역이나 조류인플루엔자, 메르스 사태 등에서의 정부의 부실한 대응들은 그만한 원인이 다 따로 있는 것이다.

이와 관련해 정의당의 김종대 현 의원이 2014년 6월 11일 자 「시사저널」에서 한 증언은 두고두고 읽어도 뼈아프다. 다소 길지만, 그 일부를 여기에 그대로 옮겨 본다.

"당시 청와대에는 군에서 파견된 26명의 장교가 안보수석실, 경호실, 국정상황실, NSC 위기관리센터 등에 배치되어 있었다. 그러나 이명박 대통령은 집권한 지 한 달 만인 2008년 4월에 이 중 20명을 군으로 복귀시켰다. 상당수는 자리 자체를 없애거나 정권과 줄을 댄 정치장교들로 채워졌다. 심지어 청와대 외교안보수석실에서 14

명의 수석들을 보좌해온 여직원까지 내보냈다. 새로 정치권에서 데리고 온 여직원은 전화 연결을 할 줄 몰랐고, 운전기사는 주요국 대사관이 어디 있는 줄 몰랐다. 각 사무실의 컴퓨터 작동에 필요한 패스워드를 아는 사람도 사라져 업무 자체가 불가능해졌다. 극심한 혼란이 초래되는 와중에 청와대는 위기관리센터도 해체하겠다고 했다."

"위기관리센터라는 명칭도 위기관리상황실로 바뀌었다. 물론 센터장 자리도 행정관급으로 격하되었다. 이어 5월에는 청와대 지하 벙커에 위치한 위기관리상황실이 이명박 정부 초기에 엄습한 국가 경제위기에 대응하는 비상경제상황실로 그 기능이 바뀌었다. 국가 위기나 재난 상황에 대비하던 상황판은 가려지고 각종 물가지수나 증권지수를 표기하는 새로운 데이터로 교체되었다. 국가안보와 재난에 대한 위기관리가 국가 경제 위기관리로 대체된 것이다. 이 비상경제상황실에서의 첫 작품이 당시 미네르바라는 필명으로 경제평론을 하던 네티즌 구속이었다."

우리 헌법 66조는 대통령이 "국가의 독립과 영토의 보전, 국가의 계속성과 헌법을 수호할 책임을 진다"고 규정한다. 그렇다면 국가를 이루는 근간은 무엇인가. 어렸을 때 열심히 외운 그대로, 국민과 영토와 주권이다. 이 중 무엇이 가장 본질적이며 중요한가를 묻는다면, 나는 당연히 국민이라 하겠다. 결국 사람인 것이다. 따라서 국가를 지킨다는 것은 곧 국가의 주인인 국민의 생명과 재산을 보호하는 것이다.

나는 정치를 해오는 동안 내내 "안보 문제에는 여야가 따로 없다"는 지론을 입에 달고 살아왔다. 안보安保란 '안전하게 보호한다'는 의미이고, 그 대상은 당연히 국민이다. 핵무기든 전쟁이든 태풍, 질병, 사고든 간에 그것이 국민의 안전을 위협한다면, 그로부터 국민의 삶을 지키는 책임은 당연히 대통령과 정부에게 있다. 위기가 닥쳤을 때 의연히 중심에 서서 모든 상황을 이끌 컨트롤타워가 될 수 없다면, 그 막중한 무게를 견딜 자신이 없다면, 그는 결코 대통령이 되어서는 안 된다.

09

공인의 삶과 개인의 삶 사이
: 대통령의 24시간

세월호 참사 당일 박근혜 대통령의 행적에 대한 의혹이 제기되면서 그가 적어도 매주 수요일은 집무실을 통째로 비웠던 사실이 만천하에 드러났다. 이는 명백히 공무원 복무규정을 위반한 것일뿐더러, 두 명의 대통령을 곁에서 지켜본 나로서는 도무지 이해할 수 없는 행태다.

대통령에게는 매일 결재를 받기 위해 올라오는 서류만 해도 산더미다. 대통령이 모든 사안을 꿰뚫고 있을 수는 없는 노릇이라, 결재를 위해서는 해당 사안에 관해 각 부처 담당자들에게 물어보고 확인하고 논의하는 과정도 미리 충분히 거쳐야 한다. 특히 이지원 시스템이 생기기 전에는 청와대 각 수석과 장관들이 결재를 받기 위해 일일이 줄을 서서 기다리곤 했기 때문에 업무 시간 중에는 대통령이 혼자 조용히 차 한 잔 마시는 여유조차 부리기 힘들었다.

각종 회의와 면담, 행사, 인터뷰 요청은 또 오죽 많은가. 외국 정상이나 사절에서부터 정치권, 언론, 시민사회, 종교계, 재계, 노동계 등등, 대통령은 한 명이지만 그와 만남을 원하는 사람들은 일 년 열두 달 넘쳐나고, 여기저기에서 대통령이 얼굴 한 번 비치기를 바라는 행사는 줄줄이 사탕이다. 이래저래 따지면 하루에 적어도 6~7개의 일정을 소화해야 하는 것이다. 그럼에도 매주 수요일 정기 휴무라니, 허허, 나 원 참.

대통령의 24시

대통령의 하루는 새벽부터 시작된다. 청와대 관저엔 보통 새벽 5시면 불이 켜진다. 대통령은 주로 관저에서 아침 식사를 하지만, 조찬 회동이 잡혀 있으면 그때부터가 공식 일정의 시작이다. 때로는 굵직한 인사를 앞두고 이른 아침에 후보자를 면접하거나 참모들이 찾아와 급한 사안을 보고 하는 경우도 있었다.

그래서 부속실 직원들은 관저 앞에 7시 전부터 대기한다. 언제 대통령의 부름이 있을지 모르기 때문이다. 그리고 매일 오전

8시 반, 관저 접견실에서는 짤막한 관저 회의가 열렸다. 대통령의 수족 노릇을 하는 비서관 서너 명과 함께 그 날의 일정을 점검하고 논의하는 것이다. 참여 정부에서는 대통령의 공식 일정을 보고하고 승인받는 의전비서관, 대통령 개인 일정을 관리하는 제1부속실장, 연설기획비서관 등이 이 회의에 참석했다. 간혹 촌각을 다투는 결정을 해야 할 때는 비서실장이나 수석 비서관 몇 명을 추가로 불러들이기도 한다.

따라서 청와대 비서실도 아침 8시면 공식 회의와 업무를 시작해야 했다. 특히 홍보수석실 같은 경우는 전날의 언론 보도들을 일일이 확인해 그 중 필요한 것들을 정리하고 분석한 다음 대통령과 해당 소관 수석실로 보내야 했기 때문에 다른 수석실보다 하루의 시작이 더 빨랐다.

아침 관저 회의가 끝나면 대통령은 전용차를 타고 본관 집무실로 등청한다. 거기서 주로 회의를 하거나 각 비서실의 보고와 결재를 받는 것으로 오전 시간의 대부분을 보낸다. 수석비서관 회의는 보통 1시간 반에서 2시간, 국무회의는 그보다 1시간 정도 더 걸리니, 시계는 금방 휙 하고 정오를 향해 치닫기 일쑤다.

점심 때에는 오찬 모임을 갖거나, 요일별로 장관이나 참모들을 불러 해당 부처의 업무를 논의한다. 이 자리에서는 공식 회의만으로 소화되지 않는 보고와 지시사항이 오가기 때문에 대통령을 포함한 참석자들은 밥이 입으로 들어가는지 코로 들어가는지도 잘 모른다.

그런 뒤 오후에는 외부 일정을 소화하는 일이 많다. 차를 타고 어딘가에 가서 축사를 한 뒤 테이프를 자르고, 또 이동해서 연설하고 사진 찍고, 공장에도 갔다가 노인 요양원에도 갔다가 하는 것이다. 그렇게 돌다가 청와대로 돌아오면 또 이번엔 '아세안 국회 의장단과의 만찬' 하는 식의 밥 먹는 일정이 기다리고 있다. 그러니 대통령 부부끼리 와인 한 잔 곁들일 여유가 있는 '저녁이 있는 삶'은 좀처럼 존재하기가 힘들다.

그걸로 끝이 아니다. 모든 일정을 마치고 관저로 돌아와서는 낮에 일정에 쫓겨 읽지 못했던 보고서와 자료들을 마저 꼼꼼히 읽다가 늦은 밤이 돼서야 잠자리에 들곤 한다. 내가 모신 두 분 대통령 다 그랬다. 그런 의미에서 "대통령은 아침에 눈 뜨면 출근이고, 밤에 눈 감으면 그게 곧 퇴근"이라던 김기춘 청와대 전 비서실장의 말은 그 자체로 영 틀린 말은 아니다. 오히려 새벽에라도 급박한 사항이 생기면 언제든 보고를 받고 움직여야 했으니까, 하루 24시간이 모두 업무의 연속선상에 있다고도 할 수 있다.

그러나 그는 자신의 말 속에 중요한 사실 하나를 의도적으로 빠뜨리고 있다. 대통령이 무슨 소설가도 아닐진대, 하루 종일 관저 어딘가에 혼자 틀어박혀서 나랏일을 본다는 건 애초부터 아예 불가능하다는 사실 말이다. 위에서 설명했듯이, 아침부터 밤까지 수많은 사람들과 팀을 이뤄 미리 치밀하게 짜인 계획대로 움직여야 정상적인 업무 수행이 가능한 자리가 대통령이란 자리다. 대통령은 프리랜서가 아니란 이야기다.

김대중과 노무현, 그리고 이명박 대통령이 오전 9시에서 아무리 늦어도 10시까지는 하나같이 정장에 넥타이를 딱 매고 본관 집무실로 출근해 책상 앞에 앉아 있었던 데는 다 그래야만 하는 이유가 있기 때문이었다. 게다가 눈 뜨면 출근이고 눈 감으면 퇴근이라는 대통령이 거의 매일 혼자 TV를 보면서 저녁을 먹을 겨를이 어디에 있나. 그건 전두환이 파마하러 간다는 소리만큼이나 웃기는 이야기다. 역대 대통령들은 TV가 없어서 못 보고, 혼자 밥 먹는 게 싫어서 저녁마다 사람들과 식사를 같이 했다는 말인가. 사람들과 저녁 한 끼 먹는 것도 다 대통령 업무의 일환이고 또 그래야 다양한 민심을 들을 수 있으니까, 때로는 피곤하고 힘들어도 어쨌건 사람들과 어울리려고 노력했던 거 아니겠는가.

대통령은 일 중독자

말이 나온 김에, 나는 김대중과 노무현 대통령이 혼자 있는 것 자체를 본 적이 별로 없다. 둘의 주위에는 언제나 사람들이 있었고, 그들은 늘 일과 고민거리를 대통령에게 던져 주었다. 그래서 두 대통령은 자신의 시간을 거의 분 단위로 쪼개서 일정을 관리했다. 특히 김대중 대통령은 수첩에다 직접 그날그날의 할 일과 만날 사람들을 꼼꼼히 기록한 것으로 유명하다. 그건 대통령이 되기 훨씬 전부터 몸에 밴 일종의 습관이었다. 그의 수첩에는 5분 단위로 약속 시간과 이름들이 새까맣게 적혀 있었고, 공간이 부족할 경우에 덧댄 노란 종이테이프가 덕지덕지 붙어 있곤 했다. 그리고 처음 만난 사람에게서 받은 명함에다 그에 관한 짧은 메모와 인상평을 적어 수첩 사이사이에 끼워 넣기도 했다.

그래서 후보 시절에는 캠프 보좌진들끼리 작당해 그의 수첩을 몰래 감춰버린 적도 있었다. 큰 그림을 그리고 전체적인 방향과 메시지에 집중해야 할 분이 일정 관리 같은 세세한 부분에까지 신경 쓰는 건 올바르지 않다는 판단에서였다. 참모 중

한 명이 "아이고, 어쩌지요. 수첩을 잃어버렸습니다" 라고 거짓말을 하는 악역을 맡았다. 하지만 열흘 정도 버틴 대통령은 끝내 참지 못하고 다시 수첩을 찾아오라고 지시했다.

노무현 대통령의 일 욕심도 이루 말할 수가 없었다. 본인 나름대로는 배려를 많이 하려고 애쓰는 편이었지만, 대통령의 욕심을 따라가다 보면 청와대 비서실 사람들은 몸과 마음이 항상 고될 수밖에 없었다. 업무의 강도도 높았고, 휴일을 제대로 챙겨본 적이 없었다. 비서실장이던 내가 주말에도 어김없이 출근하다 보니, 비서실 사람들도 주 5일 근무는커녕 꼬박꼬박 휴일 근무를 감내해야 했다. 되돌아보면 참 미안한 마음이 들기도 하지만, 국가를 위해 일한다는 사명의식이 없이 그저 직장생활을 한다는 마음으로는 도저히 버티기 어려운 일터였다.

한편 오늘날 상당수 국가에서는 공식 일정에서부터 사사로운 약속까지 대통령이나 총리의 하루를 낱낱이 공개한다. 미국 백악관의 홈페이지에 들어가 보면 대통령뿐 아니라 그 부인의 일정까지도 누구나 소상히 알 수 있고, 프랑스 역시도 마찬가지다. 특히 프랑스는 대통령이 임기 중 이혼을 하거나 애인을 사귀어도 국민들은 '그건 사생활의 영역이니까'하고 대수롭지 않게 여길 정도로 개개인의 사생활을 중요하게 여기는 나라지만,

공직자의 하루 일정만큼은 공적인 알 권리의 영역으로 엄격히 구분해 만천하에 공개하는 것을 철칙으로 삼는다.

가까운 나라 일본은 공식적으로는 총리의 일정을 공표하지 않지만, 일간 신문들에는 기자들이 총리실의 협조를 받아 취재한 '총리의 동정' 꼭지가 따로 있어 그날그날 출근부터 퇴근 시간에 이르기까지 총리가 몇 시 몇 분에 어디를 가고 또 누구를 만났는지가 깨알같이 공개된다. 그래서 매일같이 동정 기사를 챙겨보는 독자라면, 심지어 총리가 며칠에 한 번씩 이발을 하는지도 알 수 있다.

물론 한국에서도 대통령의 주요 일정을 공개하기는 한다. 하지만 분 단위로 상세히 쪼개서 알려주는 미국이나 일본과는 달리, 오전과 오후로만 나눠서 홈페이지에 게시하기 때문에 그 사이사이 시간에 대통령이 어디에서 뭐했는지는 알 길이 없다. 직접 눈으로 확인하고 싶은 분들은 청와대 홈페이지에 접속해 대통령의 일정을 한 번 검색해보라. 세월호 참사 당일인 2014년 4월 16일 같은 경우에도 '오후: 중앙재난안전대책본부 방문', 이게 다다. 그 일주일 뒤인 4월 23일에는 아예 '해당 일자의 일정이 등록되지 않았습니다'란 문구만 덩그러니 게시돼 있다.

그러나 자신의 손으로 뽑은 국가의 최고위 공직자가 어디에서 무엇을 하고 있는지는 주권자인 국민의 알 권리에 속한다. 그래야 대통령의 직무 수행에 대한 객관적인 평가가 가능하고, 주요 정책의 향배를 예측할 수 있기 때문이다. 누구 말처럼 '여성으로서의 사생활'이 궁금해서가 아니라는 얘기다.

대통령도, 나와 똑같은 사람이다

이왕 사생활이란 단어가 나왔으니, 다음으로는 대통령도 한 개인으로서의 사생활을 보장받을 수 있어야 하냐 하는 문제로 이야기를 넘겨보자. 이 점에 관한 한, 우리 국민들은 상대적으로 엄격한 축에 속한다. 설사 현실이 기대와 어긋날지라도, 5년이라는 임기 동안 대통령이 오로지 국가와 국민들만을 생각하고 그를 위해 모든 시간과 열정을 바치기를 원하는 것이다. "저는 남편과 자식도 없고 국가와 결혼한 사람"이라던 박근혜 대통령의 2007년 당내 경선 당시의 발언에 많은 국민들이 존경심과 더불어 기대를 품었던 게 단적인 예다.

그러나 대통령은 국가라는 거대한 공동체의 지도자인 동시에 한 사람의 개인이기도 하다는 사실까지 부인할 수는 없다. 그는 누군가의 부모이고, 또 누군가의 친구다. 때문에 나는 대통령의 인간적인 삶의 영역도 엄연히 존재하는 현실이며 당연히 존중받아야 할 부분이라고 생각하는 쪽이다. 그에게 이순신 장군이나 안중근 의사처럼 개인의 생명과 가족까지도 얼마든지 저버릴 수 있는 헌신과 희생을 요구한다면, 그건 '백마 타고 오는 초인'을 기다리는 것과 같다.

그리고 희생은 정신적 혹은 물질적 보상 심리로 이어지기 십상이다. '내가 국가를 위해 이만큼 희생했으니, 당신들은 무조건 내 뜻을 따라줘야 돼' 하는 식의 보상 심리 말이다. 따라서 결국 문제의 핵심은 대통령이 공적인 영역과 사적인 영역 사이의 균형을 얼마나 잘 유지할 수 있느냐, 하는 부분에 달려 있는 게 아닐까 싶다.

언제나 원칙 앞에서는 한 점 흐트러짐이 없어 보였던 김대중 대통령도 인간적으로는 흔들리는 대목이 하나 있었다. 바로 자식 문제였다. 잘 알려졌다시피 김 대통령은 임기 말 세 명의 아들들이 줄줄이 비리 사건에 연루돼 구속되거나 재판에 넘겨지는 곤혹스러운 상황을 겪어야 했다. 사실 아들 3형제의 비리 사실들은 언론에 터져 나오기 이전부터 정가에서 공공연히 소문으로 떠돌고 있던 부분이었다. 그래서 측근들은 김 대통령에게 아들들에 대한 단속이 시급하다고 여러 차례 직언한 바 있는데,

그럴 때마다 김 대통령은 별다른 대꾸를 하지 않고 그냥 넘기곤 했다. 영락없는 아버지로서의 한계를 뛰어넘지 못한 것이다.

특히 그는 몸이 아픈 큰아들 홍일 이야기만 나오면 일단 눈물부터 그렁그렁 해졌다. 김홍일은 김 대통령이 야당 생활을 하던 시절부터 아들이면서 동시에 민주화 투쟁을 함께 한 동지이기도 했다. 그 때문에 1980년 이른바 '김대중 내란음모사건'의 가담자로 안기부에 체포돼 극심한 고문을 당한 뒤, 후유증으로 늘 건강이 좋지 않았다. 그러다 16대 국회의원으로 재선에 성공한 이후에는 급기야 파킨슨병까지 발병하기에 이른다. 둘째 아들 홍업 역시 한창 왕성하게 활동할 서른의 나이에 아버지와 함께 체포돼 가택연금의 고초를 치른 뒤 미국으로 원치 않는 망명을 떠나야 했으며, 셋째 아들 홍걸도 아주 꼬맹이 적부터 아버지와 형들이 수시로 납치와 체포, 고문에 시달리는 걸 고스란히 지켜봐야 했다.

김 대통령은 그 모든 게 다 자신의 탓이라는 생각에 늘 가슴 아파했다. 그러다 보니 아들들에게 단호하고 엄한 태도를 보여야 할 순간에조차 그러지 못했다. 머리로는 그래야 한다는 걸 잘 알면서도 가슴이 따라주지 못한 것이다. 공적인 책임과 사적인 감정 사이의 균형을 잡는 건 이렇게나 어려운 일이다.

반면 부인인 이희호 여사와의 금슬은 김 대통령이 공인으로서의 무게를 감당해내는 데 있어 그 무엇보다 긍정적인 효과로 작용했다. 둘은 부부이자 동지로서 서로를 정말로 사랑하고 존경했다. 이희호 여사는 1976년 3·1 민주구국선언 사건으로 남편이 구속되자, 그 먼 진주교도소까지 세 아들을 데리고 면회를 다니면서 밖에서는 양심수 석방투쟁을 이끌었던 강인한 아내이자 투사였다. 김대중 대통령이 사형을 선고받고 감옥에 있을 때, 약해지려는 그를 다그쳐 일으켜 세운 이도 이희호 여사였다.

재임 시절 김 대통령은 그런 그녀가 자신의 연설문을 직접 손글씨로 옮겨 적어 주면 마치 연애편지를 받은 청년처럼 좋아하곤 했다. 나는 그렇게 오래 두 분을 모시면서도 부부가 싸우는 걸 딱 한 번 목격했다. 김 대통령은 원래 대식가인 걸로 주위에 유명했는데, 어느 날 후식으로 떡을 드시고도 또 토스트를 달라고 하자, 이희호 여사가 살찐다고 못 드시게 한 적이 있었다. 그랬더니 "먹는 거로 너무 그러는 거 아니오"라며 대통령이 투정을 부렸고, 이희호 여사가 "당신 건강 생각해서 그러는 거지, 먹는 게 아까워서 그러우?"라고 대꾸하며 잠시 토닥거린 것이다. 한마디로, 사랑싸움이었던 거다.

강하고 고집스러운 거로는 둘째가라면 서러울 노무현 대통령이 꼼짝 못 했던 상대는 손녀였다. 한 번은 오후 6시도 안 돼서 "저, 남은 일정 없으면 오늘은 일찍 관저로 들어갈랍니다"하기에 "혹시 어디 편찮은 데라도 있으세요?"하고 물었더니, "그게 아니고, 우리 손녀가 왔다 아입니까. 눈앞에 자꾸 손녀 얼굴이 왔다 갔다 하는 게, 마 정신을 몬 차리겠네요" 하는 게 아닌가. 매일같이 일 때문에 안달복달하던 일 중독자인 그도 그럴 땐 어쩔 수 없는 '노무현 할아버지'였던 것이다.

내가 쉬는 게 쉬는 게 아니야

그건 그렇고 대통령도 휴가라는 걸 간다. 여름에 2박 3일 정도 다녀오는데, 전두환부터 김대중 대통령까지는 대통령 전용 별장이던 청주의 청남대를 주로 이용했다. 하지만 노무현 대통령은 막대한 혈세를 들여 1년에 한 번 대통령만 사용하게 하는 건 불합리하다며 청남대를 시민들에게 개방했다. 그래서 이듬해 노 대통령은 청와대에 틀어박혀 책을 읽는 것으로 여름휴가를 대신해야 했지만 말이다.

역대 대통령들이 향후 정국 구상을 가다듬는 데 휴가를 활용하는 경우도 적지 않았다. 김영삼 대통령이 그 유명한 금융 실명제를 발표한 것도 첫 휴가를 다녀온 직후였고, 김대중 대통령 또한 2000년 6월 남북 정상회담을 한 달여 앞두고 청남대를 다녀왔으며, 노무현 대통령은 2006년 8월 여름휴가를 마친 뒤 한미 FTA 추진과 전시작전통제권 환수 논의를 꺼내 놓았다.

따라서 그럴 때는 일부 참모들도 대통령의 휴가에 동행해야 했다. 황금 같은 휴가를 직속 상관과 보내고 싶은 사람이 누가 있겠느냐마는, 다른 한편으로 누구는 따라가는데 자신은 쏙 빠지면 또 영 서운하고 괜히 샘이 나는 게 사람의 마음이다. 그래서 대통령의 휴가에 누가 동행할 것인가를 놓고 참모들 사이에 묘한 신경전이 벌어지는 경우도 종종 있었다.

또한 대통령의 휴가에서 절대 빠질 수 없는 하나가 바로 책이다. 미국도 오래전부터 그래왔고, 우리나라도 김대중 정권 때부터 대통령이 휴가 때 읽을 책들을 언론에 공개하는 게 관례다. 단, 박근혜 대통령만은 예외였지만 말이다.

대통령의 휴가 독서 목록을 공개하는 건 단순히 대중의 호기심 해소 차원은 아니다. 휴가에서 돌아온 뒤 정국 운영의 방점을 어디다 찍을 것인지를 암시해주는 일종의 전략적 차원인 것이다. 그래서 김대중과 노무현 두 대통령은 휴가 전 비서관들에게 복수의 책들을 추천해서 올리도록 했는데, 막상 목록을 올리면 꼭 거기에 포함돼 있지 않은 책을 특정해 가지고 오라고 지시하곤 했다. 두 분 다 평소 독서량이 워낙 많아 애당초 읽고 싶은 책을 미리 점찍어 두고 있었던 것이다.

이 대목에서 책과 관련된 일화 하나를 소개하도록 하자. 노무현 대통령이 삼성의 이건희 전 회장을 만났을 때의 일이다. 이런저런 이야기를 나누던 도중에 이 회장이 불쑥 "대통령께서는 평소 어떤 책을 얼마나 읽으십니까?"하고 질문을 던져왔다. 대통령이 "그냥 틈나는 대로 그때그때 읽고 싶은 책을 읽습니다"라 답하자, 이 회장은 "저는 하루에 꼭 두 권씩은 책을 봅니다"라고 의기양양하게 말하는 게 아닌가. 하루 두 권이면 한 달에 무려 60권인데, 그 바쁜 대기업 총수가 어떻게 그런 시간을 낼 수 있는 지 도무지 믿기지 않았다. 대통령과 배석자인 내가 놀란 반응을 보였더니, 이어지는 그의 말이 그 의문을 풀어주었다.

"미국이나 일본 같은 나라들에서 베스트셀러로 올라오는 책들을 비서들을 시켜 매일 두 권씩 고르게 한 다음, 각각 A4 용지 두 장으로 요약하게 하는 겁니다. 비서들이 워낙 똑똑해서 요약본 두 장만 보면 그 책에서 하고자 하는 이야기가 뭔지를 다 알 수 있습니다."

그 즉시 노 대통령은 다음날부터 책을 요약해서 올리라고 홍보비서실에다 지시했다. 그렇게 이건희 회장의 난데없는 입방정(?) 때문에 한동안 홍보수석실은 독서삼매경에 빠져야 했다.

비선 실세와 조언자, 그 하늘과 땅 만큼의 차이

워낙 직무와 역할에서 오는 스트레스가 크기 때문에 대통령에게도 흉금을 터놓을 수 있는 사람은 필요하다. 하지만 그만큼 보는 눈도 많고 신경 쓸 부분도 많아서 동창들이나 고향 친구 한 번 편하게 만나기란 쉽지가 않다. 대통령의 말 한마디가 밖으로 흘러나가면 엄청난 파장을 일으킬 수 있고, 언제 누구를 만났느냐 자체가 뉴스거리가 될 수 있기 때문이다. 물론 대통령의 배우자나 참모들이 그런 역할을 해주면 좋겠지만, 때로는 그들에게 하지 못할 말도 있다.

내가 아는 한 김대중과 노무현 두 대통령은 그렇게 완전히 툭 터놓고 지내는 친구는 없었다. 대신 그들은 공적인 관계를 통해 사적인 관계에서 오는 결핍을 푸는 스타일이었다. 장관들을 불러 술을 한잔한다거나 비서실 수석들과 사석에서 넥타이 풀어놓고 어울리는 식으로 말이다.

그런 면에서는 노무현 대통령이 김대중 대통령보다는 참모들과 더 자연스럽고 친밀한 관계를 맺었던 경우였다. 언젠가는 비서실장 공관으로 수석들을 불러 모아 삼겹살 파티를 벌인 적도 있었는데, 노래방 기계를 틀어놓고 흐트러진 모습으로 노래도 부르면서 스스럼없이 농담도 주고받곤 했던 것이다.

그에 비하면 김대중 대통령에게서는 그런 모습을 본 기억이 별로 없다. 다만 두 달에 한 번꼴로 이희호 여사가 일본 동경에 치료를 받으러 갔는데, 그 날이 곧 '노는' 날이었다. 경호실장이 "오늘은 집으로 오시래요" 하면, 저녁에 관저로 가서 술도 한잔 주거니 받거니 하는 것이다. 그러나 나로서는 김대중 대통령이 아버지 같고 스승 같아서 그런 자리에서조차 함부로 대하기가 어려웠다. 나뿐만이 아니라 참모들 대부분이 그랬다. 그나마 김 대통령에게 먼저 다가가 살갑게 대화를 나눌 수 있는 인물은 박지원 수석 정도가 유일했다.

이렇듯 대통령은 어쩌면 대한민국에서 가장 고독한 사람일지도 모르겠다. 인간의 삶이 언제나 선택의 연속이라지만, 대통령은 매 순간 너무나 많은 사람의 삶에 영향을 미치는 선택을 해야 하고 최종책임도 자신의 몫이다. 결코 다른 이가 나눠질 수 없는 그 사람만의 권력의 무게가 있으리라.

그래서 나는 한 인간으로서 잠시나마 그 무게를 덜 수 있는 대통령의 개인적인 인간관계를 충분히 인정하고 존중해주고 싶다. 그게 궁극적으로는 대통령의 국정 운영에도 힘이 될 수 있다고 믿는다. 다만 그건 그러한 관계가 선을 넘어 공적인 영역에까지 침범하지 않도록 하는 분별력을 전제로 했을 때의 이야기다. 그런 사리 분별력을 갖추고 있지 못하다면, 그는 대통령은커녕 공직 자체를 맡아서는 안 된다. "외롭고 어려울 때 도움을 받은 인연으로" 넘어서는 안 될 선을 넘어버린 박근혜 대통령이 그 전형적인 예에 해당한다. 선출되지 않은 권력인 이른바 비선 실세의 존재를 선뜻 용납해버린 것이다.

비선秘線은 말 그대로 비밀리에 맺은 관계를 말한다. 공동체가 그 존재를 알지 못하고 인정한 적도 없는 한 개인이나 조직이 공동체의 운명을 멋대로 좌지우지하는 경우를 뜻하는 것이다.

문민정부 시절 김영삼 대통령의 아들 김현철이 대표적인 경우다. 그는 여론조사 기관과 민주사회연구소를 잇달아 설립해 나름의 감각으로 아버지의 정치활동을 도운 정치적 조력자였다. 그러나 문제는 아버지가 대통령에 당선된 후에 불거졌다. 김영삼 대통령이 둘째 아들을 유달리 총애한다는 사실을 눈치챈 이들이 그의 주위로 불나방처럼 몰려들면서 '소통령'이라

떠받들기 시작한 것이다. 그리고 그 결과는 자신의 구속과 김영삼 정부의 바닥모를 지지율 추락이었다.

반면 김대중 대통령에게는 동교동계가 일종의 비선 역할을 담당했다. 민주화 투쟁 시절부터 그와 생사고락을 같이 한 이들은, 앞서 말한 바와 같이 국민의 정부에 부담을 주지 않기 위해 자진해서 정부 내 아무런 요직도 맡지 않고 뒤로 후퇴해 있었다. 그러나 그렇다고 그 존재감까지 후퇴한 건 아니었다. 김대중 대통령은 인사에서부터 정책에 이르기까지 이들의 의견을 폭넓게 청취했고, 그로 인해 세간에는 그들에게 어떻게든 줄을 대려는 사람들이 적지 않았던 게 사실이다.

한편 대통령과의 친분을 이용해 각종 비리를 저지르고 정부의 정책 결정 과정에 부당한 개입을 일삼는 비선 실세의 존재와 조언자의 차이를 어떻게 구분하느냐 하는 문제도 한 번 쯤은 짚어볼 필요가 있겠다. 대통령 역시도 여러 다양한 사람의 의견을 듣거나 자문을 받을 수 있고, 중대한 결정을 내려야 할 책임자 입장에서 돌다리도 두들겨보는 자세는 결코 나쁘다고는 할 수 없기 때문이다. 그리고 대통령의 귀가 청와대 안에만 머무는 것도 꼭 좋은 것만은 아니다.

이와 관련해서는 노무현 대통령의 사례를 하나 들 수 있겠다. 공적인 절차와 시스템을 중시하는 그도 가끔 내게 "실장님, 이거 한 번 검토해 보세요" 하면서 문자 메시지나 자료를 내미는 경우가 있었다. 보아하니 청와대 내부가 아닌 외부의 누군가로부터 받은 게 분명해보였다. 그리고 거기엔 정세에 대한 분석이나 여러 사안들에 대한 의견이 아주 공손한 어조로 담겨 있었다. 그런데 그 내용이 기가 막힐 정도로 논리적이고, 청와대 참모들이 미처 생각지도 못했던 해법까지 담겨 있는 경우가 종종 있었다. 비서실장인 나도 무릎을 탁하고 칠 정도로 말이다. 추측컨대 그런 문자와 자료를 보낸 인물은 아마도 유시민과 문성근, 두 사람 정도가 아니었을까 한다.

여기까지만 들으면 독자 여러분들은 '뭐야, 참여정부에서도 비선 실세가 있었네' 하고 생각할지도 모르겠다. 그러나 그 둘과 최순실의 사례는 하늘과 땅 만큼이나 차이가 있었다. 우선 노 대통령은 둘의 의견을 좋은 참고자료로 활용했을 뿐이지, 단 한 번도 우리 참모들에게 그걸 곧이곧대로 실행에 옮기라고 지시한 적이 없었다. 참모들 모르게 그랬을 가능성도 없다. 왜냐하면 참여정부의 정책은 거의 대부분 수석 비서관 회의와 국무회의에서 토론을 거쳐 결정됐고, 그 과정에서 대통령의 의견이 뒤집히는 적도 종종 있었기 때문이다. 그다음으로 유시민과 문

성근 두 사람이 대통령과 문자를 주고받는 관계를 이용해 이권을 챙기거나 인사와 기업들에게 압력을 행사한 적도 없었다. 이건 10년이 흐른 지금까지 그런 사례는커녕 비슷한 소문조차 돈 적이 없다는 사실이 증명해준다.

정리하자면, 청와대 바깥에서 대통령에게 의견을 전달하는 사람들은 언제나 존재해왔고, 앞으로도 그럴 것이다. 그들의 존재 자체가 곧 문제가 되고 근절 대상이 되는 건 아니다. 다만 그들이 단순히 조언자에 머무르지 않고 비선 실세로 군림하는 게 문제인데, 이를 막기 위한 기준은 세 가지다.

첫째, 공식 라인 바깥의 의견을 공식적인 테이블에 올릴 때는 반드시 다수의 논의와 합의 과정을 거쳐야 하고, 거기에 대통령의 사심이 개입해서는 안 된다. 대통령이 객관성과 합리성을 잃고 한쪽으로 치우치는 순간, 공식 라인은 허수아비가 되고 참모들은 입을 닫아버리게 된다. 여기에는 무엇보다 대통령의 도덕성과 공공성이 가장 절실하게 요구된다. 또한 자신에게 전달된 의견의 타당성과 가치를 판단할 수 있는 지적 능력과 통찰력도 필요하다.

둘째, 그 과정에서 실정법의 테두리를 넘는 일은 절대 있어서는 안 된다. 최순실 국정농단 사태에서 보듯 외교와 안보, 인사, 공식회의 내용, 대통령의 순방 일정같이 국가를 좌지우지하는 정보들을 공식적인 계통에 있지 않은 개인에게 아무렇지 않게 유출해서는 안 된다는 것이다. 그러다 혹시 문제라도 생기면, 그 책임을 일반인에게 돌릴 수는 없는 노릇 아닌가.

마지막으로 그들이 이권에 개입하도록 놔둬선 안 된다. 인사 청탁을 받거나 기업 민원의 해결사를 자처해 만 원 한 장이라도 손에 쥐게 하는 순간, 이미 돌이킬 수 없는 게이트의 문이 열리게 된다. 다시는 오늘의 이 불행한 역사가 되풀이되는 일은 없어야 한다.

10

삼권분립은 민주주의의 운영 원리
: 대통령과 국회

"영국 국민은 런던 템스 강가의 국회의사당 불빛이 켜져 있는 한 편히 잠자리에 든다."

이는 지난 2015년 1월 2일 청와대 신년 인사회 자리에 새정치민주연합 비상대책위원장 자격으로 참석한 내가 박근혜 대통령에게 건넨 영국의 정치 격언이다. 대한민국 국회도 국민들이 편안히 잠자리에 들 수 있도록 열심히 신뢰를 쌓아가겠다는 의지의 표현인 동시에, 대통령의 국회 혐오에 대한 일종의 경고였다. 실제로 여의도 정치에 대한 박 대통령의 혐오는 아주 뿌리 깊었다. "나는 선의를 가지고 열심히 일하려는데, 국회는 하는 일 없이 발목만 잡는다"는 것이다.

물론 나 역시 우리 국민들이 얼마나 정당 정치를 불신하는지는 전혀 모르는 바가 아니다. 여론조사에서는 국회의원들이 가장 신뢰할 수 없는 직업군으로 부동의 1위를 지켜왔고, 국회는 '나랏일은 안 하고 자기 잇속만 챙기는 게으르고 무능한 집단'으로 찍힌 지 오래다. 실로 대의 민주주의의 뿌리를 흔드는 불신이다. 국민이 자기 손으로 뽑은 국회의원과 정당을 신뢰하지 못하는데, 어떻게 의회 정치가 확립되기를 기대할 수 있을까. 직접 민주주의가 사실상 불가능한 현대 사회에서는 대표를 통해 의견을 수렴하지 않으면 안 되는데 말이다. 그리고 그러한 불신의 가장 큰 책임은 두말할 나위 없이 우리 정치인들에게 있다. 타협할 줄 모르고, 그때그때 필요에 따라 이합집산을 밥 먹듯 하고, 숱한 비리에 연루되었던 부끄러운 민낯이 우리 정치인들의 자화상에 그대로 담겨 있다. 뼈아픈 자기반성과 그를 통한 신뢰 회복이 절실한 시점이다.

하지만, 하지만 말이다. 국가의 원수이자 행정부의 수반인 대통령이 국민들의 그런 정치 불신을 마치 남 이야기하듯 해서는 또 안 될 일이다. 여야가 기껏 힘들게 합의해간 법안조차 무시해왔던 당사자가 오히려 앞장서 국회에 대한 불신을 조장하는 행위는 결국 한 가지 의도로밖에 읽히지 않는다. 여야가 계속 물고 뜯고 싸우는 모습을 보일수록 청와대의 지지율은 반사적으로 올라간다는 정치적 셈법 말이다.

사람들은 이를 가리켜 흔히 반反 정치주의라고 일컫는다. 그리고 반정치주의는 박정희 군사정권 때부터 기득권 세력이 휘둘러온 전가의 보도였다. 국민들에게 "정치는 원래 더럽고 썩은 거야"하는 인식을 갖게 만들어 정치 무관심을 이끌어내고, 그래서 그런 무관심 속에 견제받지 않는 권력을 휘두르고 유지하겠다는 술수인 것이다.

국회 혐오를 조장하는 대통령

박근혜 대통령은 그런 술수를 몸소 터득한 인물이었다. 그는 취임식이 끝난 후에도 행정부를 제대로 꾸리지 못했다. 정부조직법 개정안이 국회를 통과하지 못한 채 52일 동안이나 표류했기 때문이었다. 당시의 핵심 쟁점은 방송통신위원회 기능을 미래창조과학부로 이관하는 문제였다. 그러자 박 대통령은 취임 후 첫 국민담화문을 발표해 "정부조직법 개정안이 국회를 통과하지 못해 국정에 심각한 차질이 발생하고 있다"며 "헌정 사상 초유의 일", "국회에 유감"과 같은 감정적인 표현들을 쏟아냈다. 국회를 압박하기 위해 국민들에게 직접 호소하는 방식을 택한 것이다.

문제는 대통령의 주장이 사실과 달랐다는 데 있다. 여야는 당시 정부조직법 개정안을 놓고 스무 차례 이상이나 만나 어렵게 합의를 이끌어냈고, 개정안은 최종 서명만 남겨놓은 수준까지 도달한 바 있다. 그러나 마지막에 가서 합의안을 원점으로 되돌린 건 박 대통령 자신이었다.

정부가 법률안을 제안할 수 있고, 대통령도 얼마든지 자신의 견해를 가질 수는 있다. 하지만 정부조직법은 본질적으로 입법권에 관한 사항이다. 입법부에서 여야가 합의한 사항이라면, 대통령은 그걸 존중하고 받아들일 책임이 있다. 헌데 대통령이 합의 내용을 받아들이기를 거부하니, 현실적으로 여당은 합의를 다시 원점으로 되돌릴 수밖에 없었다.

그럼에도 박 대통령은 그런 전후 맥락은 쏙 빼놓은 채, 대국민담화를 통한 여론몰이에만 집중했다. 그래서 그때 나는 대통령과 여당을 향해 "상대가 도저히 받을 수 없는 안을 가지고 다시 합의해달라는 것은 이솝 우화에 나오는 여우와 두루미와 같다"고 맞섰다. 상대가 먹을 수 없는 접시에다 음식을 차려놓고 왜 안 먹느냐고 약 올리는 것과 뭐가 다르냐는 것이었다.

삼권분립이 엄연히 명문화된 나라에서 이처럼 대통령이 국회를 마치 주머니 속의 공깃돌처럼 여길 수 있는 데는 대통령의 권한이 그만큼 막강하다는 데 그 원인이 있다. 그리고 그것은 비단 어제오늘만의 이야기는 아니다. 참여정부 이전까지 대통령은 집권 여당의 총재를 겸했다. 김대중 대통령도 여당인 새정치국민회의의 총재로서 공천권 행사와 당직 임명 등에 있어 강력한 권한을 행사했다. 대신 당내에는 권한도 없는 총재 권한 대행만이 존재할 뿐이었다.

언젠가 김대중 대통령이 해외 순방을 떠나는데 공항에 배웅을 나온 조세형 총재 권한대행이 저만치 손을 흔들며, "이제 권한은 떠나고, 대행만 남았네"라는 우스갯소리를 해 주위 사람들을 한바탕 웃게 만든 기억은 그래서 슬픈 블랙 코미디다. 실제로 당내에서 벌어지는 크고 작은 일들은 매일 청와대에 보고됐고, 청와대에서 다시 당에 내린 지시는 거의 그대로 관철되었다. 그렇다고 거기에 반기를 들 수도 없다. 국회의원들이 목숨보다 소중히 여기는 공천권을 당 총재인 대통령이 틀어쥐고 있기 때문이었다. 다음 선거 때부터 국회의원을 그만 하겠다는 작심을 하지 않는 이상, 대통령의 뜻을 거스른다는 건 사실상 불가능했다.

노무현 대통령이 권위주의 타파를 내세우며 당의 일에 간섭하지 않겠다고 선언한 건 그래서 더욱 의미 있는 행동이었다. 말만 그런 게 아니라, 그는 실제로도 그랬다. 공천이나 당직 인선 같은 당내 문제에 일절 간섭한 적이 없었던 것이다. 그래서 대통령이 여당과 그 의원들을 줄 세우던 행태가 이제는 사라져 가는구나, 하고 안도했던 기억이 엊그제 같은데, 어찌된 심판인지 역사의 시계는 자꾸만 거꾸로 돌았다. 이미 이명박 정권 때부터도 그랬다.

내가 18대 국회 부의장을 하던 시절, 국회의장은 한나라당의 김형오 의원이 맡고 있었다. 당시 미디어법을 놓고 여야가 한참을 밀고 당긴 끝에 겨우 합의안을 만들어 놨는데, 어느 날 우리 두 사람이 같이 있는 자리에서 김 의장이 어디선가 걸려온 전화 한 통을 받고 나더니 혼자 씩씩대며 화를 참지 못하는 것이었다. 이유인즉슨, 청와대에서 여야 합의안을 받아들일 수 없다고 통보했다는 거다. 그뿐만이 아니다. 청와대의 지시를 받은 여당 원내수석부대표가 대놓고 국회의장을 무시하고 욕을 하는 장면을 목격한 적도 있었다. 이렇듯 대통령과 청와대가 국회의 입법권을 무시하는 행태가 반복되는 한, 국회는 그들이 원하는 법을 무조건 통과시켜주는 통법부通法府로 전락할 수밖에 없고, 그건 결국 국민들의 불행이다.

그때 국회에서 몸싸움을 할 수 밖에 없었던 이유는

국회의장은 국민이 느끼는 것보다 훨씬 크고 중요한 자리다. 삼권분립의 한 주체인 입법부의 수장이기 때문이다. 그가 헌법이 부여한 자신의 독립적인 권한을 제대로 행사하기만 해도 국회의 권위는 확 달라질 수 있다. 그 말은 반대로, 그가 원칙을 잃어버리고 흔들리는 순간 대한민국 국회가 대통령과 행정부의 거수기로 전락하는 건 시간문제라는 뜻이다.

대한민국 국민이라면 국회에서 의원들이 고성을 지르며 몸싸움을 하는 장면을 누구나 한번 씩은 지켜봤을 것이다. "세금으로 월급 받으면서 한심하게 만날 왜 저래?" 하고 혀를 끌끌 차면서 말이다. 안타깝고 죄송스럽고 속상하다. 그런데 여야 간의 첨예한 의견 대립이 극단적인 몸싸움으로 이어지는 경우는 노무현 대통령의 탄핵안 가결 때를 제외하고는 대개 국회의장이 법안을 직권상정할 때다.

직권상정이란, 말 그대로 국회의장이 자신의 직권으로 법안을 본회의에 상정하는 것을 말한다. 원래 법안은 소관 상임위원회의 심의를 거쳐 국회 본회의에 상정되는 게 정상인데, 심의 기간 내에 법안 심의를 마무리하지 못한 경우 국회의장은 바로 본회의에 법안을 올려 표결에 부칠 수 있는 것이다.

그렇다면 심의 기간 내에 법안 심의를 마무리하지 못하는 건 왜일까? 그건 기본적으로 여야 간에 합의를 이루지 못했기 때문이다. 그럼 여야 합의도 없이 국회의장이 갈등이 첨예한 법안을 직권상정하는 이유는 뭘까? 대부분 정부가 해당 법안의 통과를 강하게 원하면서 국회의장을 압박하기 때문이다. 그리고 국회의장이 국민적 요구나 자신의 판단이 아니라 단순히 정부의 압박에 못 이겨 직권상정을 하는 순간 국회의 독립성과 권위는 땅바닥으로 추락한다.

물론 그 일차적인 책임은 대화와 타협을 통해 합의를 도출해내지 못한 여야 정치인들에게 있다. 그 책임까지 부인할 수는 없는 노릇이다. 그러나 앞서 거론한 것처럼 여야가 합의를 이뤄놓았는데도 대통령의 고집으로 뒤집히는 경우에는 대통령도 응당 그 책임을 나눠져야 한다. 그럼에도 국회에 무능이란 낙인을 찍고 국회의장이 무슨 부하직원인 양 그에게 압력을 가해 직권상정이라는 고속도로로 직행하려는 행태는 비판받아 마땅하다.

따라서 가장 중요한 건 입법부의 독립성을 존중하는 대통령의 자세다. 그리고 그다음으로는 스스로 국회의 권위를 지키겠다는 국회의장의 의지다. 상식적으로 여당 출신이 국회의장을 맡을 때 정부의 입김에 휘둘린 직권상정의 가능성은 그만큼 더 높아진다. 그러나 지난 과거를 되짚어보면 여당 출신 의장이라고 해서 무조건 정부의 편을 들어 직권상정이란 독배를 기꺼이 받아드는 건 아니었다. 기본적으로 국회의장은 정치 인생의 사실상 마지막이 될 그 자리를 명예롭게 마무리하기를 원하는 데다, 입법부 독립의 최후 보루라는 책임감이 크게 작용하기 때문이다.

그래서 19대 국회 후반기 의장인 새누리당 출신의 정의화 국회의장은 한때 같은 배에 몸담았던 여당 의원들로부터 "직무유기이며 의회주의 파괴"에다 "해당 행위"라는 맹비난을 받으면서까지 테러방지법의 직권 상정을 한동안 거부한 적도 있었다. 2012년 18대 국회 마지막 본회의에서 통과된 국회선진화법에 따라 천재지변이나 전시, 사변 같은 국가 비상사태나 교섭단체 대표와의 합의가 있을 때만 직권상정을 할 수 있다는 게 그 근거였다. 때문에 테러방지법 통과를 강하게 밀어붙이던 박근혜 대통령은 한동안 발만 동동 구르고 있어야 했는데, 국회의장의 직권상정 요건을 강화한 국회선진화법은 박근혜 대통령이 새누리당 비상대책위원장이던 시절 직접 주도해 통과시킨 법이었다는 사실에 비춰볼 때 참 아이러니한 풍경이었다.

돌아보니 어느덧 나도 6선 의원이 되었다. 국회선진화법 덕분에 이제 그럴 일도 없겠지만, 의사당 안에서 고함지르고 싸울 나이는 애당초 지난 지 오래다. 그러나 내가 옳다고 여기는 신념과 정책을 위해서라면 지금도 얼마든지 상대와 싸울 용의가 있다. 멱살잡이가 아니라 논리와 정당성으로 말이다.

그리고 동시에 아무리 나와 정치적 견해가 다른 사람이라 하더라도 대화와 타협으로써 그와 합의점을 찾아갈 자신이 있다. 그 과정은 당연히 길고 고통스럽다. 하지만 민주주의란 원래부터 그런 것이다. 시간이 걸리고, 불편하고, 비용이 많이 드는 제도인 것이다. 빠르고 편한 걸 찾겠다면, 그건 독재밖에 없다. 제왕인 대통령이 명령하면 국회는 그저 '네네'하고 따르는 시녀 역할을 하던 부끄러운 옛 시절로 돌아가자는 이야기에 다름 아니다.

그러니 응당 비판할 때는 비판하고 욕할 때는 욕하더라도, 여러분들의 대표 기관인 국회의 독립성이 지니는 무게까지 가벼이 여기지는 말았으면 한다. 때로는 갈등하고 때로는 타협하며 절충점을 찾아가려는 국회의 노력을 만약 대통령과 행정부가 부당하게 훼손하려 한다면, 단호히 함께 '아니오' 라고 외쳐줬으면 한다. 그것이 일흔의 나이를 넘어서 여의도를 지키고 있는 내가 감히 여러분께 드리는 당부다.

"정당을 좌지우지 않는 저의 무능력이 정당개혁입니다."

앞서 잠깐 언급했듯이 역사적으로 우리나라의 여당은 대통령이라는 최고 권력자의 뜻에 따라 좌우되어왔다. 맨 처음으로 이 고리를 끊은 것은 노무현 대통령이었다. 그는 대통령이 된 뒤 당권이라는 권력의 또 다른 한 축을 스스로 손에서 놓아 버렸다. 취임 후 가진 한 인터뷰에서 "대통령이 정당을 좌지우지하지 않는 게 당정분리이며, 정당을 좌우하지 않는 저의 무능력, 그게 저의 정당개혁입니다"라며 당권포기를 선언한 것이다. 그 뒤로 당직자 인사에 단 한 차례도 개입하지 않은 것은 물론, "당의 일은 당에서 알아서 하라"는 원칙을 세우고 그걸 확실히 지켜나갔다. 제왕적 대통령이 가진 권력을 분산시키고 자율과 책임의 리더십을 실현하기 위한 의도였다. 이로써 여당은 대통령이 권력을 행사하기 위한 도구에서 협력의 대상으로 그 관계와 위상이 변화되었다.

그러나 역사상 최초의 당정분리는 그를 곤혹스러운 상황에 놓이게 만든 것도 사실이었다. 현실에서 정부와 여당은 그 우선순위가 반드시 일치하지는 않는다. 당은 어쨌든 선거에서의 승리가 가장 중요하고, 정부는 국정운영에서 성과를 내는 게 중요하다. 이런 차이가 종종 정부와 여당 사이에 엇박자를 가져와 그만큼 개혁의 동력이 약화될 수밖에 없는 것이다.

특히 당시 새천년민주당 내의 역학 구도는 정상적인 여당이라고 부르기도 어려울 만큼 아주 복잡하고 심각했다. 대선 과정에서 후보단일화협의회를 결성하는 등 노 대통령을 사실상 후보로 인정하지 않던 세력은 정권 초기부터 대통령과 사사건건 대립각을 세웠다. 때문에 급기야는 대통령이 "전부 힘으로 하려고 하니 대통령이 다 양보할 수도 없고, 이러다 대통령직 못 해먹겠다는 위기감이 든다"고 토로하는 지경에까지 이르게 된다.

물론 발언이 나오게 된 직접적인 계기와 장소는 한총련 대학생들의 5 · 18 기념식 방해 시위가 있고 난 뒤 그에게 사과하러 온 5 · 18 기념행사 추진위원회 간부들과의 접견 자리에서였다. 그러나 또 당시는 전교조의 교육 행정정보시스템NEIS 반대 투쟁과 이라크 파병 반대 시위 같은 사회적 갈등이 일제히 불거져 나오던 시기이기도 했다. 그 과정에서 소위 '우리 편'이라 생각했던 여당이 팔짱만 낀 채 강 건너 불구경하는 듯한 태도를 보이는 데 대한 서운한 감정도 대통령의 문제의 발언 속에 분명 깔렸었던 것이다.

그러다 결정적으로 사달이 난 게 열린우리당의 창당이었다. 대선 승리 이후 새천년민주당 내에서는 천정배, 신기남, 정동영, 이 세 사람의 성을 딴 이른바 천-신-정으로 대표되는 개혁세력이 당의 실권을 쥐고 있던 권노갑 등의 동교동계와 첨예한 갈등을 계속 이어오고 있었다. 이런 갈등은 끝내 2003년 11월 개혁세력이 새천년민주당을 박차고 나와 열린우리당을 창당하는 데로까지 이어졌다. 스스로 당에 대한 권력을 놓아버린 대통령의 결단이 결국 집권 도중에 여당이 둘로 쪼개지는 사상 초유의 결과로 이어진 것이다.

여기서 꼭 짚고 넘어가야 할 부분은, 항간에는 그때 열린우리당 창당의 배후에 노무현 대통령이 있었다는 주장이 꽤 널리 퍼져 있지만 장담컨대 그건 전혀 사실이 아니란 점이다. 그 역시도 당의 쇄신과 개혁의 필요성에는 원칙적으로 동감했으나, 자신의 뜻대로 되지 않는다고 해서 그 역사성을 외면한 채 당을 깨고 갈라서는 건 정치인의 올바른 자세가 아니라는 게 노 대통령의 생각이었다. 참여정부 출범 100일 기자회견에서 "신당 창당에 대해서는 관여하지 않는다"며 "민주당의 정체성을 배반하고 훼손한 일이 없으며, 정통성을 계승하고 발전시키고 있다"고 밝힌 게 실제 그의 진심이었던 것이다.

이는 당내 갈등이 깊어지자 대통령이 비서실장인 나를 불러 어떻게든 여당이 깨지는 것만큼은 막아달라고 신신당부한 사실로도 잘 드러난다. 그래서 양쪽 모두와 소통이 가능했던 나는 여러 의원들을 차례로 공관으로 불러 허심탄회한 대화를 나누면서 분당을 막아보고자 애써봤지만, 양측 사이의 갈라진 틈새는 이미 너무나 크고 깊었다. 원래 전쟁 중에서도 내전이 가장 치열하고 그 상처도 큰 법 아니겠는가.

그러고 나서 노무현 대통령은 이듬해인 2004년 5월 헌법재판소에서 탄핵이 부결된 뒤, 수석 당원 자격으로 열린우리당에 입당하게 된다. 애초 한나라당과 연합해 자신에 대한 탄핵 소추안을 국회에서 가결시킨 주역이 민주당이었으니, 그로서는 어쩔 수 없는 당연한 선택이라 하겠다. 그 뒤 2005년 7월에는 지역구도 타파를 위한 선거제도 개편을 전제로 총리 지명권, 조각권 등을 한나라당에게 넘겨주는 대연정을 제안함으로써 또 한 번의 권력 나누기를 시도하지만, 단칼에 거부당하고 만다. 그래서 대연정 제안은 개혁 진영 내부의 자중지란만 불러일으킨 노 대통령의 대표적인 실책 중 하나로 역사에 기억되고 있는데, 결과를 떠나 자신에게 주어진 권력을 스스로 나누려던 노 대통령의 선택이 올바른 것이었는지는 평생 정치를 해온 나로서도 여전히 고민되는 부분이다.

마키아벨리Machiavelli는 『군주론』에서 "부적절한 자비보다 현명한 잔인함이 낫다"고 일갈한 적이 있다. 개혁이라는 목표를 위해서는 차라리 권력이라는 칼을 제대로 꽉 움켜쥐고 휘둘러 보는 건 어땠을까. 지연된 정의는 정의가 아니듯, 쓰지 않는 권력도 그와 마찬가지인 건 아닐까. 하지만 이 나라 국민들이 합의한 공동체 운용의 대전제는 민주주의라는 원칙이다. 그리고 민주주의는 기본적으로 권력을 분산시켜 서로 견제와 균형check and balance을 유지하라고 우리에게 가르친다. 어느 한쪽으로 권력이 과도하게 쏠릴 경우, 언젠가 그 사회는 "짐이 곧 국가"라던 어느 봉건 군주의 망령을 다시 떠올려야 할 지도 모른다. 물건을 골고루 나눠 담아야 저울이 평형을 유지하듯, 권력은 나누는 게 맞다.

11

가까워도 멀어도 안 되는 관계
: 대통령과 언론

지난 1월, 또 한 명의 대통령이 역사가 되었다. 대한민국이 아니라 미국의 버락 오바마Barack Obama 대통령 이야기다. 그는 퇴임 전 가진 마지막 기자회견에서 기자들에게 그간의 소회를 이렇게 전했다.

"저는 여러분 모두와 함께 일하는 게 즐거웠습니다. 물론 그렇다고 여러분이 제기한 이야기가 전부 즐거웠다는 뜻은 아니지만 말입니다. 여러분은 팬이 아니라 회의론자여야 하죠. 제게 곤란한 질문들을 던져야 할 사람들인 겁니다. 여러분은 칭찬하는 사람이 아니라, 막대한 권력을 지닌 사람들에게 비판적인 시선을 던지고 우리를 이곳에 보낸 국민들에게 책임을 지도록 만드는 사람들이며, 여러분은 그 일을 해왔습니다."

언론의 역할은 권력의 감시와 비판이다. 본질상 권력과 언론은 불가근불가원不可近不可遠, 즉 너무 가까워서도 안 되고 너무 멀어져서도 안 되는 관계다. 하지만 정권은 대개 언론과 친하게 지내고만 싶어 한다. 따지고 보면 국민이 대통령을 기억하는 건 언론에 비친 모습뿐이기 때문이다. 국민은 대통령이 누굴 만나 무엇을 하고 어떤 정책을 구상하는지를 오직 언론을 통해서만 접한다. 그러므로 정권이 반대 여론에 부딪히지 않고 쉽게 국정을 풀어나가는 가장 손쉬운 방법은 언론이 열심히 정권의 편을 들어주는 것이다. 그래서 언론과 등지고 싶어 하는 대통령은 그 누구도 없다. 그리고 본디 자신의 짝이 될 수 없는 상대를 '소유'하고 싶을 때, 돈과 힘을 가진 자들이 취하는 방법은 선물 공세 혹은 협박이다.

채찍과 당근으로 언론 길들이기

과거 권위주의 정권들은 언론을 직접 겁박하는 쪽을 택했다. 정통성이 없는 정권은 누구보다 자신들이 먼저 그 결핍을 느끼기 때문에 일단 언론의 입부터 틀어막으려 한다. 전두환 정권이 대표적이다. 그 방식은 '선 협박 후 선물'이었는데, 협박은 직접적이고 무시무시할 만큼 빨랐다.

1980년 5·17 비상계엄확대조치로 권력을 장악한 전 대통령은 대대적인 언론장악을 시작한다. 불과 몇 달 만에 정부에 반대하는 언론인 천여 명을 강제 해직시키고, 정기간행물 172개를 폐간시켰다. "사회 불안을 조성하고, 계급의식을 조장하며, 음란하고 저속하다"는 게 이유였다. 이때 폐간된 잡지들은 「창작과 비평」, 「뿌리 깊은 나무」, 「씨알의 소리」같이, 불안이나 음란과는 거리가 먼 매체들이 대부분이었다.

그리고 곧이어 발표한 언론 통폐합 조치는 언론사 수를 최소화해 통제를 쉽게 하기 위한 술수였다. 한 도에 하나의 일간지라는 '1도1지一道一紙' 원칙을 내세워 지방 신문사를 10개로 줄였고, 방송국과 통신사는 강제 합병시켰다. 「합동통신」과 「동양통신」은 연합통신사에, 「동양방송」, 「동아방송」은 KBS에 흡수시키는 식이었다. 그 결과 전체 신문사는 28개에서 14개로, 방송사는 29개에서 3개로, 통신사는 7개에서 1개로 줄어들었다. 대신 전두환 대통령은 언론사에 남아 체제의 나팔수가 된 언론인들에게는 그에 상응하는 물질적 보상을 했고, 이 과정에서 권력과 상호 협조하는 언론이 탄생했다.

그런데 호랑이 담배피우던 시절 같은 이런 상황은 21세기 대한민국에서 모양새만 바뀌 고스란히 재현되었다. 우선 이명박 정권은 충직한 자기 사람을 언론기관 곳곳에 심어놓는 작업에 착수했다. 그리고 정부 친화적인 방송 환경을 조성하기 위해 종합편성채널, 줄여서 종편을 탄생시켰다. 이를 위해 2009년에는 방송법과 신문법, 인터넷멀티미디어방송 사업법, 이렇게 3개의 법률을 묶은 미디어법을 국회 본회의에서 날치기로 통과시키기도 했다. 대기업과 신문사의 방송사 지분 소유에 대한 규제를 푸는 게 핵심이었다.

이명박 정권이 이렇게 언론장악의 기반을 닦는 데 주력했다면, 박근혜 정권은 전임 정권이 닦아놓은 토대를 활용해 직접적으로 언론 보도에 개입하는 방식을 취했고 최근 그 증거들이 하나둘 속속 드러나고 있다. 이정현 자유한국당 의원이 청와대 홍보수석 시절 KBS 보도국장에게 전화를 걸어 보도 방향을 지시한 녹취록이 공개돼 사회적으로 파문이 일었고, 故 김영한 전 민정수석의 업무수첩에는 여러 다양한 언론통제의 실상들이 낱낱이 기록되어 있었다.

그러나 역대 독재 정권들과 이명박-박근혜 정권의 언론 통제는 비슷하면서도 다른 차이가 있었다. 직접적인 물리력으로 통제하는 게 아니라 바로 자본과 인사권으로 통제한다는 점이다. 알아서 줄을 서고 알아서 기는 언론인들이 대거 양산된 것도 그런 이유에서였다. 권력에 맞서다 해직당한 언론인, 그리고 권력의 하수인이 되어 승승장구하는 언론인은 권언유착의 두 얼굴이다. 이들이 한때는 같은 방송사와 신문사에서 선후배로 함께 일했다는 게 참 아이러니다. 옥석혼효玉石混淆, 어느 조직이든 옥과 돌은 한데 뒤섞여 있는 법인가 보다.

스스로 권력이 된 언론, 개혁이 필요해

이처럼 권력과 언론의 관계를 반드시 탄압과 종속으로만 설명할 수는 없다. 긴 권언유착의 역사는 또 다른 괴물을 탄생시켰는데, 바로 스스로 권력이 된 언론이다. 이제 일부 언론은 정권의 통제를 받지 않는다. 오히려 자신들이 정권을 탄생시킨다고 믿으며 자기 뜻대로 권력을 움직이고 싶어 한다.

실제로 권력이 된 언론은 정권이 자신들의 구미에 맞지 않으면 마구 괴롭히고 물어뜯고 뒤흔들었다. 보수 언론들은 김대중 정부에게 '친북좌파 정권'이라는 빨간 망토를 덧씌운 채 이념 갈등과 지역감정을 끊임없이 양산했다. 진실은 왜곡되었고 정권에 대한 근거 없는 비방이 독버섯처럼 퍼져나갔다. 언론이라는 공기公器를 사주 일가의 이익을 위한 도구로 전락시키는 일부 족벌 언론들도 있었다. 자연스레 시민사회와 기자들 내부에서도 언론 개혁의 목소리가 거세질 수밖에 없었다. 당시 언론개혁 시민연대와 한국 기자협회가 실시한 신문개혁 관련 여론조사에서는 현직 기자의 87.6%, 전체 응답자의 86.9%가 언론사에 대한 세무조사가 필요하다고 답했다. 이런 분위기 속에서 고심을 거듭한 끝에 정부는 드디어 개혁의 칼날을 뽑아 들었다.

2001년 2월, 국민의 정부는 대대적인 언론사 세무조사를 실시했다. 1994년 김영삼 정부에 이어 7년 만에 벌인 언론사 세무조사였다. 그런데 개혁을 하려면 어느 때보다 그 동력이 강한 임기 초에 할 것이지, 왜 임기 4년 차에야 비로소 세무조사에 나선 것일까. 원래 매출액이 1천억 원 이상인 기업은 5년에 한 번씩 정기적으로 세무조사를 해야 한다. 그러나 당연히 했어야 할 기간이 이미 지났음에도 김대중 대통령에게 언론사 세무조사는 결코 쉬운 결정이 아니었다. 일제히 쏟아질 언론 길들이기와 탄압 의혹은 민주 정부를 자임해 온 김대중 대통령에게 그만큼 큰 부담이었고, 따라서 망설임의 기간도 그만큼 길어졌던 것이다.

출범 초기부터 그때까지 국민의 정부는 언론에 간섭하지 않고 언론 개혁은 자율적으로 이뤄져야 한다는 입장을 줄곧 유지해 왔던 터였다. 김대중 대통령은 세무조사 한 달여 전에 열린 신년기자회견에서도 "지금은 언론 자유가 사상 최대로 보장돼 있는 만큼 공정보도와 책임 있는 비판을 해야 한다"며 언론의 자성을 촉구한 바 있다. 그러다 막상 세무조사가 시작되자, 예상대로 조선·중앙·동아일보 등의 보수 언론은 '언론 탄압', '특정 언론 길들이기' 등의 제목으로 기사를 쏟아내며 거센 저항에 나섰다.

뒤이어 집권한 노무현 대통령도 언론을 중요한 개혁 대상 중 하나로 인식하기는 매한가지였다. 비판 세력으로서의 언론의 역할에는 충분히 공감했지만, 국민의 알 권리를 방패막이 삼아 사적인 이익을 취하는 언론은 개혁의 동반자가 아니라 대상임을 명확히 한 것이다. 그리고 그 개혁의 핵심은 언론이 자본, 즉 사주로부터의 자유를 확보하는 것과 특권적 지위를 청산하는 것에 있다고 판단했다.

그에 따라 필연적으로 참여정부는 집권 내내 언론과 팽팽한 긴장 관계를 유지할 수밖에 없었는데, 내가 보기엔 엄밀히 말해 일방적으로 물어뜯긴 쪽에 가깝다. 특히 이라크 파병과 교육 행정정보시스템, 한미 자유무역협정FTA를 둘러싼 논란이 이어지면서 소위 진보 언론으로부터도 협공을 받는 모양새가 연출되었고, 그래서 생전 그런 내색을 하지 않는 양반이 언젠가 딱 한

번 "크게 다른 것도 없는 것 같은데, 왜들 저러는지 모르겠네요"라며 지나가듯 속상함을 드러내기도 했다.

한편 노 대통령은 언론이 진실을 왜곡한다 싶으면 절대 그냥 넘어가는 스타일이 아니었다. 청와대 참모들에게도 "억울한 기사나 사실과 다른 보도가 나왔는데 가만히 보고만 있으면 문책하겠습니다. 꼭 바로 잡으세요"라고 지시했다. 물론 과거 권위주의 정권들처럼 정무수석 비서관이나 홍보 비서관이 언론사에 대놓고 연락해 기사를 수정하거나 삭제하라는 식의 방법을 동원하지는 않았다. 정부 정책이 왜곡되거나 근거 없는 기사가 나면 끊임없이 정정보도, 반론보도를 요청하는 등, 정해진 시스템을 활용하는 쪽을 택한 것이다.

그러나 안타깝게도 그다지 효과가 있었던 것 같진 않다. 그 때문에 대통령이 주변에 괴로움을 토로한 적도 여러 번이었지만, 그렇다고 언론 개혁을 향한 의지를 굽히거나 하지는 않았다. 사실상 정권 말기의 레임덕에 접어든 임기 마지막 해의 신년연설에서도 그러한 의지는 빛이 바래기는커녕 더욱 선명히 드러나고 있다.

"권력과 언론의 유착은 국민의 정부에서 이미 해소되었습니다. 참여정부는 한발 더 나아가서 언론의 특권과 횡포에 대항하고 있습니다. 그리고 견제를 시도하고 있습니다. 이루 말할 수 없이 힘이 들고 고통스럽습니다. 공무원들도 고생하고 있습니다. 국민이 피곤하니 그만두라는 사람들도 많습니다. 그러나 어떤 특권도 용납해서는 안 된다는 것이 진정한 민주주의의 정신입니다."

"특권과 반칙의 구조를 해소하는 것은 이 시대의 역사적인 과제입니다. 누군가는 해야 할 일입니다. 정통성 있는 정부라면 사명감을 가지고 끝까지 최선을 다해야 할 것입니다. 저는 우리 언론이 정확하고 공정한 언론, 책임 있게 대안을 말하는 언론, 보도에 책임을 지는 언론이 될 때까지, 그리고 스스로 정치를 지배하려는 정치권력이 아니라 견제와 균형을 위한 시민의 권력으로 돌아가고, 사주의 언론이 아니라 시민의 언론이 될 때까지 굴복하지 않을 것입니다. 그러나 비싼 대가를 치르고 있습니다." (2007년 신년연설 중에서)

언론 개혁을 위한 참여정부의 몇 가지 시도

참여정부 시절 청와대는 자체적인 대언론 시스템에서 몇 가지 개혁을 시도했다. 그중 하나가 취임 초기의 개방형 브리핑제다. 개방형 브리핑제의 핵심은 기자실의 완전 개방과 청와대 브리핑의 생방송 중계였다. 지금이야 국회방송도 잘 돌아가고 청문회나 국정감사, 브리핑 등이 SNS로 실시간 중계도 되고 하지만, 십 년 전만 해도 정부가 국민과 일상적으로 소통할 수 있는 방법은 텔레비전 뉴스와 신문, 인터넷 언론 정도가 사실상 전부였다. 그런데 뉴스에 방송되는 대변인 브리핑은 아주 짧고 간략한 편집본이어서 정부가 국민에게 전하고 싶은 말이 충분히 전달되지 않았다. 게다가 당시 일부 언론매체의 왜곡보도가 심했기 때문에 청와대의 이야기를 있는 그대로 전달할 방법이 필요했다. 또한 노무현 대통령은 국민과 직접, 더 많이, 더 활발히 소통하길 바랐다. 그래서 취임 초기에 선택한 방법이 미국 백악관처럼 청와대 브리핑을 생방송으로 중계하겠다는 시도였다.

개방형 브리핑 제도를 도입한 건 기자실의 폐단을 없애기 위한 나름의 조치였다. 그때까지 청와대 기자실은 출입기자제로 운영되었는데, 출입 기자단에 가입 허가를 받은 소수 일간지와 방송사 기자들이 기자단을 장악하고 있었다. 과거 박정희와 전두환 정권은 청와대 기자실에 접근할 수 있는 기자의 숫자를 줄이는 대신 그들에게 각종 특혜와 호의를 제공하는 방식을 취해왔기 때문에 기자실은 폐쇄적이고 배타적인 성격이 강했다. 가치 있는 정보는 소수 언론사에 독점되었고, 취재대상과 기자가 이익 공동체가 되어 감시와 비판의 기능이 사라지는 폐단도 발생했다.

또한 인터넷의 발달로 기존의 전통적인 공중파 방송과 종이 매체에서 온라인 쪽으로 무게중심이 점점 옮겨가는 미디어 환경의 변화도 중요하게 고려하지 않을 수 없었다. 그래서 참여정부는 기자실에 더욱 다양한 매체의 기자들이 들어올 수 있도록 기자실을 완전 개방하면서 동시에 브리핑 생방송을 도입한 것이다. 덕분에 청와대 춘추관에는 일정한 자격을 갖춘 언론사 기자라면 누구나 들어올 수 있었다. 사실상 출입기자실 시스템이 폐지됐다고 봐야 했다.

그리고 참여정부는 개방형 브리핑 제도를 시작하면서 비서실이 있던 위민관에 기자들이 자유롭게 출입하는 것을 금지하고, 필요할 경우 일정한 절차를 거쳐 사전 약속을 거친 뒤 출입하도록 했다. 그전까지 청와대 출입기자는 오전과 오후로 나눠 각각 한 시간씩, 하루에 두 번을 위민관에 들어가 수석 비서관과 행정관들을 직접 만날 수가 있었다. 그를 통해 기자들은 비서진들과 인간적인 친분을 쌓고 취재에 도움 될 정보를 얻었던 것이다.

헌데 그러다 보니 비서실 업무에 이만저만 지장을 받는 게 아니었다. 안 그래도 할 일이 태산인데 기자들이 수시로 불쑥불쑥 문을 열고 들어오면 당최 업무에 집중하기가 어려웠고, 보안

상의 우려도 결코 무시할 수 없었다. 외국의 사례를 들여다봐도 기자들이 대통령이나 총리를 보좌하는 정부기관 사무실을 함부로 드나들 수 있는 경우는 없다. 그래서 참여정부뿐 아니라 과거 문민정부와 국민의 정부도 모두 한때 기자들의 비서실 출입을 금한 적이 있었다. 그러나 기자들의 집단 반발로 인해 문민정부는 3개월 만에 금지 조치를 철회했고, 국민의 정부는 오전 11시부터 12시와 오후 4시부터 5시, 이렇게 하루 두 번에 걸쳐 비서실장과 수석 비서관 사무실은 기자들에게 개방하는 것으로 한 걸음 물러섰던 것이다.

물론 참여정부가 비서실 출입을 금지했다고 해서 기자들과의 접촉 자체를 차단한 건 아니었다. 기자들이 오는 대신, 대통령의 지시로 비서관들이 기자들에게 직접 찾아갔기 때문이다. 실제로 참모들은 순서를 짜서 돌아가며 춘추관을 방문해 기자들과 1시간씩 간담회 시간을 가졌다. 춘추관 앞마당에 기자들과 둘러앉아 때로는 이런저런 담소를 나누다 헤어지기도 하고, 때로는 업무에 관한 구체적인 질문에 묻고 답하기도 하고 그런 식이었다. 가끔 현안이 생길 때면 노 대통령도 춘추관에 들러 직접 기자들을 상대한 적도 많았다. 기사를 써야 할 입장에서 기자들은 취재원인 우리와 가벼운 농담을 주고받는 와중에도 항상 눈을 반짝거리며 예의주시하다가 작은 실마리라도 포착하면 그때부터는 집요하게 파고들기 시작했다. 그게 그들의 할 일이니 당연한 태도였고, 그럼 참모인 우리들도 대부분 성실하게 답변하려고 노력한 편이었다.

그런데 당시 기자들이 비서실장인 내게 자주 불만을 토로한 참모가 하나 있었다. 도대체 질문을 던지면 요리 빠지고 조리 빠지고 용케도 살살 피해 가는 통에, 한 시간을 듣다 뒤돌아서서 보면 손에 기사를 쓸 거리가 하나도 안 쥐어져 있더라는 하소연이었다. 그래서 기자들은 당시 외교보좌관이던 그를 가리켜 '기름 장어'라는 별명을 붙여줬다. 얼마 전 반기문 전 유엔사무총장이 잠깐 대통령 후보로 이름을 오르내릴 때 그의 별명이 좋은 의미냐 부정적인 의미냐를 놓고 이래저래 말이 오가던데, 더도 말고 덜도 말고 딱 그래서 붙은 별명이란 게 진실이다.

어쨌든 기자실의 문턱을 낮추고 정보를 공개하겠다며 야심하게 시작한 브리핑 제도는 3개월밖에 지속하지 못했다. 준비가 미흡해 정보 공급이 원활하지 못했기 때문이다. 당시 대변인은 기자들이 묻는 날 선 질문에 하나하나 답할 정도로 각종 사안을 구체적으로 꿰고 있지 못했다. 정권 초기라 청와대 비서실이 아직 어수선해 정보 공유가 원활하지 않기 때문이기도 했지만, 대변인 한 사람이 청와대 각 수석실에서 다루는 다양한 사안을 모두 파악하기란 쉽지 않은 일이었다. 당장 기자 입장에서는 구체적이고 정확한 정보가 있어야 기사를 쓰는데, 대변인이 "확인해보겠다"는 말만 자꾸 반복하니 갈수록 답답함은 쌓여 가고 브리핑은 형식적이 될 수밖에 없었다. 그래서 결국 실패. 아쉽지만 청와대는 3개월 만에 브리핑 생방송 시스템을 접어야 했다.

하지만 브리핑 생방송은 참여정부 임기 말에 접어들어 다시 부활의 기지개를 켰다. 당시 대통령의 '입'은 이후 정의당 대표까지 지낸 천호선 대변인이었다. 시즌2로 시작된 국정 브리핑 생방송은 대통령이 퇴임할 때까지 9개월 가까이 안정적으로 유지되었는데, 천 대변인은 평일 오후 2시 30분이면 어김없이 춘추관에 나타나 기자들을 상대했다. 혼자서 30분에서 1시간가량 기자들의 송곳 같은 질문을 모두 받아넘겨야 했던 건데, 이게 가능했던 이유는 오로지 천호선이라는 인물 덕분이 아닐까 싶다.

그는 참여정부 시작부터 각종 비서관과 국정상황실 실장을 두루 거친 다음 대변인 자리에 올랐기 때문에 노 대통령의 의중을 누구보다 잘 파악할 뿐 아니라, 청와대에 관련된 사안들을 속속들이 꿰고 있었다. 때로 날 선 공방이 오가기도 했지만, 언론과 청와대 사이에 냉랭한 기류가 흐르던 시기에 그는 청와대와 세상을 연결하는 좋은 통로가 되어주었다.

말이 나왔으니 말인데, 참여정부는 임기 내내 언론과 크고 작은 마찰을 빚었던 것으로 유명하다. 그중에서도 가장 극심한 저항을 받았던 때는 역시 2007년 3월 취재지원 선진화 방안을 발표한 직후가 아닐까 한다. 당시 방안의 가장 큰 핵심은 춘추관의 기자실을 폐쇄하는 것이었다. 발표가 나오자마자 모든 언론사가 일제히 '언론탄압'이라며 벌떼같이 달려들었다. 그런데 당시에도 그랬고, 앞서도 차마 이야기하지 않은 부분이 몇 가지 더 있다.

예전에 춘추관에 가보면 청와대 출입기자들이 둘러앉아 바둑을 두거나 고스톱을 치는 건 심심찮게 보게 되는 광경이었다. 그렇게 하루 종일 춘추관 기자실에 내내 죽치고 있다가 사실 확인도 제대로 거치지 않고 기사를 써내는 기자도 있었다. 그리고 기자실을 장악하고 있는 언론사 기자 몇몇이서 자기들끼리 기사의 방향에 대해 입을 맞춘 뒤 일제히 같은 논조의 기사를 쏟아내 곤혹스러웠던 적도 한두 번이 아니었다. 물론 소의 뿔을 바로잡으려다가 소까지 죽이는 교각살우矯角殺牛의 우를 범한 거 아니냐는 비판은 충분히 일리가 있다. 다만 참여정부의 기자실

폐쇄는 언론을 탄압할 의도가 전혀 아니었다는 점만큼은 꼭 짚어두고 싶은 것이다.

마찬가지로 많은 부분에서 서툴고 부족했던 게 사실이지만, 민주개혁 정부의 10년이 언론의 자유를 보장하고 동시에 개혁을 위해 나름 최선을 다했던 시간이었다는 점도 덧붙이고 싶다. 우리는 故 리영희 선생이 말한 대로 "어떤 사회도, 어떤 정부도 비판의 여지 없이 최선이거나 만능일 수는 없다"는 걸 너무나 잘 알고 있었다. "언론 없는 권력보다는 권력 없는 언론을 택하겠다"는 신념이 있었다. 때로는 험난하고 때로는 에두를지라도 언젠가는 우리 언론이 살아 숨 쉬는 민주주의의 심장이 될 수 있을 거라 믿었다.

그러나 안타깝게도 언론 개혁은 아직 멀고도 먼 이야기인 듯하다. 권력의 탄압과 달콤함이 언론인의 입을 동시에 틀어막고 있다. 공영방송은 정권의 나팔수가 되어 자존심 따위는 완전히 내팽개친 지 오래고, 해직 언론인들은 7년이 넘도록 자기 자리로 돌아가지 못하고 있으며, 일부 방송은 하루 24시간 내내 사실 왜곡과 노골적인 갈등 부추기기를 서슴지 않는다. 집과 일터에서 종일 이런 방송을 보고 듣는 국민들을 생각하면 가슴이 답답할 지경이다. 정권이 바뀌어도 이런 언론 지형은 당분간 쉽게 변하지 않을 듯해 더더욱 암담하다. 하지만 어둠이 깊을수록 별은 더 빛난다고 했던가. 최근 대한민국은 흔들리지 않고 꿋꿋하게 자기 역할을 해내는 언론 하나가 세상을 얼마나 움직일 수 있는지를 생생하게 지켜보고 있다. 언론의 수준이 사회의 의식 수준을 대변한다.

언론개혁을 위해서 정부가 실제 직접 나서서 할 수 있는 일은 그리 많지 않을 수도 있다. 하지만 무너진 언론이 일어설 수 있도록 벽돌을 함께 날라다 주는 건 얼마든지 할 수 있다. 그리고 그 첫 벽돌은 쫓겨난 언론인들을 제자리로 회복시키는 게 아닐까 싶다. 아, 무엇보다 가장 중요한 게 있다. 언론 보도와 인사에 부당하게 개입하지 않는 것, 언론사 사주의 편이 아니라 언론 자유와 편집권 독립의 편이 되어주는 것, 그리고 공영방송의 공정성을 확보하는 것이 그것이다. 그 밖의 것들은 결국 언론인들 스스로의 몫으로 남겨둬야 한다.

이제 끝으로 논어 안연顏淵 편 11장에 등장하는 공자를 다시 한번 호출해보자. 제나라 경공이 "선생님, 정치가 무엇입니까?"라고 묻자, 공자는 이렇게 한마디로 답한다.

"군군신신부부자자君君臣臣父父子子"

임금은 임금답고, 신하는 신하다우며, 아버지는 아버지답고, 자식은 자식다우면 된다는 뜻이다. 여기엔 좋은 정치란 각자 자기 자리에서 맡은 바 역할에 충실한 것이라는 속뜻이 담겨 있다. 그렇다면 나는 이 말을 이렇게 바꿔보고 싶다.

"청청여여야야언언青青與與野野言言"

청와대는 청와대답게, 여당은 여당답게, 야당은 야당답게, 그리고 언론은 언론답게 각자 본연의 역할에 충실할 때, 비로소 우리나라에도 좋은 정치가 실현되리라 믿는다.

12

권력은 설득력에서 나온다
: 대통령의 말

자로는 공자의 수많은 제자 가운데에서도 학문이 뛰어난 열 명의 제자, 즉 '공문십철孔門十哲' 중 한 명이다. 춘추시대 노나라의 정치가 출신으로, 공자가 "유由, 자로의 이름는 제후의 나라에서 군대를 다스릴 것이다"라고 말했을 정도로 정치나 군사에 뛰어난 사람이었다. 제자였지만 공자와 나이 차가 얼마 나지 않아 가까운 벗이기도 했는데, 무예에 능한 사람이어서인지 성격도 용맹하고 강직했다고 한다. 이번엔 그런 자로가 공자에게 물을 차례다.

"위나라 임금이 선생님을 모시고 정치를 한다면 선생님께서는 무엇부터 하시겠습니까?"

그러자 공자는 "반드시 이름을 바로잡겠다必也正名乎"라고 답한다. 허나 자로는 현실주의자에다 실천을 중히 여기는 사람이었다. 그래서 "선생님은 세상 물정에 어두우십니다. 이름을 바로 잡아 대체 무얼 합니까?"라고 되묻는다. 그에 대한 공자의 대답은 이랬다.

> "군자는 자기가 알지 못하는 것에 대해서는 입을 다물고 있는 법이다. 이름이 바르지 않으면 말이 이치에 맞지 않고, 말이 이치에 맞지 않으면 정사政事가 제대로 이루어지지 못하며, 정사政事가 이루어지지 않으면 예악禮樂. 예를 갖추고 즐거움을 나누는 일이 일어나지 못하며, 예악이 일어나지 못하면 형벌이 합리적이지 못하고, 형벌이 합리적이지 않으면 백성은 뭘 어떻게 하는지 몰라 손발을 움직일 수 없게 된다. 그러므로 군자는 무언가에 이름을 붙이면 반드시 말할 수 있어야 하고, 말을 했으면 실행에 옮겨야 한다. 군자는 말에 있어서 애매한 태도를 취하지 않는 법이다." (『논어』 자로(子路) 편 3장)

이것이 바로 공자의 정명론定命論이다. 말 그대로 이름을 바로 잡는다는 뜻이다. 국가, 민주주의, 평등, 정의, 국민통합 등 모든 단어에는 그것의 본질에 맞는 의미가 있다. 공자는 군자가 개념이 제대로 잡힌 언어를 구사하지 않으면, 결국 백성은 어찌 할 줄 몰라 혼란스럽게 된다고 말했다.

그런 맥락에서 볼 때, 대통령의 말은 그 중요성을 아무리 강조해도 지나침이 없다. 공자가 말한 대로 지도자의 말은 그저 언어의 나열이 아니다. 가치의 총화고 사상이다. 대통령은 자신이 쓰는 언어가 어떤 의미를 담고 있는지를 명확하게 알아야 한다.

마오쩌둥은 "권력은 총구에서 나온다"고 했지만, 나는 "민주주의 국가에서 대통령의 힘은 설득력에서 나온다"고 말하고 싶다. 민주주의 국가에서 여론은 정국을 좌지우지한다. 따라서 대통령은 국정 운영과 통치의 전 영역에서 설득력을 지닌 말을 할 수 있어야 여론을 자기편으로 이끌 수 있다. 국가가 나아갈 방향을 "여기"라고 가리킬 수 있어야 하고, 때로는 복잡한 정치적 상황을 한마디로 정리해야 한다. 이것을 할 수 없다면 지도자가 되기 어렵다. 오죽하면 공자는 "알지 못하는 것에 대해서는 입을 다물라"고 했을까.

따라서 대통령은 말을 할 때, 핵심단어와 기조를 잘 선택해야 하고, 말을 뱉은 후에는 대중이 그 말을 어떻게 해석하고 받아들일지, 또 그 말이 가져올 결과가 무엇일지 예상할 수 있어야 한다. 대통령이 거짓된 언어와 개념이 형성되지 않은 언어, 빈 껍데기뿐인 말을 쏟아내면 국민은 혼란에 빠질 뿐이다.

대통령의 말하기

역대 대통령들은 자기만의 말하는 스타일이 있었다. 언론사 기자들이나 주변에서 같이 일했던 사람들에 따르면, 김영삼 대통령은 "사용하는 단어가 100개 내외였다"고 한다. 어휘가 풍부하지 않았다는 의미이기도 하지만, 고차원적인 표현이나 추상명사를 거의 쓰지 않았다. '3×4=12'라고 하면 될 걸, 굳이 '3+3+3+3=12'라고 표현하는 것과 마찬가지랄까. 대신 사람들과의 대화 도중에 순간적으로 떠오르는 단어 하나를 포착해서 속된 말로 '야마'를 이끌어내는 본능적인 감각은 타의 추종을 불허했다. 호주 시드니로 순방을 떠나던 전용기 안에서 기자 간담회 도중에 생각해냈다는 '세계화 구상'이 대표적이다. 사고방식은 단순했지만 생각과 상황을 한 마디로 깨끗하게 정리하는 능력이 있었다.

그에 비해 김대중과 노무현 대통령은 말하기에 있어서는 둘째라면 서러울 달변가들이었다. 전달력도 좋고, 무엇보다 대중적 호소력이 뛰어났다. 주변 사람들과의 사적인 대화를 주고받을 때도 그 논리가 명쾌했고 군더더기가 없었다. 나는 김대중 대통령의 곁에서 정치를 배웠는데, 그가 한 번 이야기한 내용은 내가 다른 사람들에게 그대로 복기해서 옮기는 게 가능했을 정도였다. 왜냐하면 김대중 대통령의 말은 시작부터 끝까지 기승

전결 흐름이 명확하고 곁가지로 새는 법이 없었다. 하나의 전제로 말을 시작하면, 그다음에 그 전제를 입증하기 위해 '첫째, 둘째, 셋째'하는 식으로 논리를 덩어리째 풀어놓은 다음 마지막에 결론을 딱 맺어주는 식이었다. 꼼꼼한 성격 그대로 빈틈없는 논리를 전개했기 때문에 말을 받아 적으면 그대로 글이 됐다.

또한 그는 앞뒤 맥락을 차근차근 설명하고 설득하는 스타일이었다. 그래서 설명을 제대로 하려면 전제가 필요했기 때문에 본의 아니게 문장이 만연체로 흘러가는 경우가 많았는데, 그렇다고 해서 불필요한 단어를 쓰는 법은 거의 없었다. 다만 문장이 길어지다 보니 보수 언론의 악의적인 편집의 희생양이 되는 경우도 심심찮게 발생했다. 예를 들어 "어떠한 경우에도 정치보복은 없어야겠지만, 불행했던 지난 과거의 진실을 밝히고 그 책임을 묻는 일은 별도로 반드시 진행되어야 합니다"라고 그가 말하면, "정치 보복은 없어야 한다"는 앞부분은 쏙 뺀 채 뒷부분만을 떼서 '김대중이 과거사 청산을 구실로 정치 보복을 천명했다'고 보도하는 식이었다.

반면 노무현 대통령은 짧고도 쉬운 문장을 애용하는 스타일이었다. 상대방과 국민들에게 자신의 생각을 알기 쉽게 전달하는 것을 무엇보다 중요하게 생각했기 때문이다. 지금이야 인터넷 검색도 발달하고 마음만 먹으면 얼마든지 폭넓고 깊이 있는 정보에 접근하기가 쉽지만, 당시만 해도 지금만큼은 아니었다. 노 대통령은 자신의 의도와 국가의 정책이 모든 계층의 국민들에게 쉽게 전달되고 투명하게 공유되길 바랐다. 그러니 말하는 것도 빙빙 에두르거나 하는 법이 없이 단박에 정곡을 향했다. 탐색에 탐색을 거듭하기보다는 단칼에 상대의 심장을 찌르는 검객이라고나 할까.

나 역시도 어떤 정치인이 국정을 논하며 복잡하고 애매하게 말하면, '음, 뭔가 숨기는 구석이 있는 거로군' 하고 생각한다. 어렵고 추상적인 언어를 쓰면 실체는 모호해지고, 국민은 정치인이 대체 뭘 하겠다는 건지 알 수가 없게 된다.

또 어떤 때는 실체를 숨기기 위해 정반대 의미를 지닌 이름을 붙이기도 한다. 개발과 토건 일색의 경제 정책에 '녹색성장'이라는 이름을 갖다 붙이듯이 말이다. 물론 대통령이 '조용히' 국정을 이끌어가고 싶다면, 어쩌면 저런 모호한 언어가 더 나을지도 모르겠다. 국가 예산을 끌어와 어디다 어떻게 쓴다는 건지, 정책이 뭘 의미하는지를 국민이 잘 알 수 없게 하고, 그 진의를 해석하는 데에 여론의 진을 쏙 빼놓는 것이다. 그러면 정부로서는 견제와 책임의 부담에서 한 걸음 물러나 있을 수 있다. 그런데 노무현 대통령처럼 "우리의 정책을 최대한 투명하고 명확하게 전달하겠다"고 하면, 필시 국정 운영이 '시끌시끌해질' 가능성이 높다.

이런 문제에도 불구하고 나는 정치적 어법은 기본적으로 정언적定言的이어야 한다고 생각한다. 정치인들 중에는 자신의 주장에 지나치게 전제와 조건을 다는 가언적假言的인 표현을 하는 이도 종종 눈에 띈다. 대부분 법률가 출신이다. 법률은 복잡하고 단서가 많이 필요하며, 법률가에게는 빈틈없이 탄탄한 논리적 구조가 무엇보다 중요하다. 그리고 완벽한 논리구조를 구축하려면 그만큼 시간이 많이 걸린다. 하지만 대중은 정치인으로부터 단순 명료한 메시지를 원한다. 노무현 대통령은 법률가 출신임에도 그런 언어를 쓸 줄 알았다. 대통령이 되고자 하는 사람은 "내가 그리는 국가는 이것입니다. 그러니 함께 갑시다!"라고 말할 수 있어야 한다.

이명박 대통령은 수식어구가 없는 담백한 표현을 썼지만, 간결하고 명확하지는 않았다. 논리적 완결성을 중요하게 여기는 스타일이 아니라, 하고 싶은 말을 편하게 술술 풀어놓는 식이었다. 그러니 사석에서 말할 때와 공식 석상에서 연설할 때의 방식이 모두 똑같아서 대중적인 설득력은 다소 떨어지는 편이었다.

그러나 노무현 대통령은 열 명이 있는 자리와 만 명이 모인 자리에서 쓰는 언어가 각각 달랐다. 어린아이를 만날 때와 노인을 만날 때의 언어도 당연히 달랐다. 어디에서든 그들을 감동시키고, 웃게도 했다가 울게도 만드는 소통의 달인이었다. 언제나 토론을 즐겼고, 누구와의 대화에서도 주도권을 놓는 법이 없었다. 그런 천하의 노 대통령도 입 한 번 제대로 떼보지 못한 상대가 있었으니, 바로 여의도 순복음교회의 조용기 목사였다.

목사님은 대통령도 못 말려

노 대통령이 취임한 뒤부터 조 목사 측은 여러 차례 청와대에 단독 면담을 신청해온 적이 있었다. 그러나 이런저런 사정을 이유로 번번이 거절했었는데, 자신이 발행인으로 있던 국민일보의 창간 기념 인터뷰 자리에 들러서 잠깐 인사나 드리고 간다기에 그것까지 마다할 수는 없어 그러라고 했다.

비서실장인 나도 배석한 그 자리에서 조 목사는 들어오자마자 성경책부터 펴더니 "일단 성경 봉독을 하겠습니다"라고 했다. 그것도 차마 하지 말라고 할 수는 없어 대통령은 "네, 그러십시오"라고 말했다. 준비해온 성경 구절은 길기는 또 얼마나 길던지. 한참을 봉독하고 난 그는 다음으로 "그럼 해설을 시작하겠습니다"라고 하더니, 이번에는 입에 거품을 물어가며 설교를 이어가는 것이 아닌가. 그리고 이제야 끝났구나 싶던 찰나, 마지막으로 "기도하겠습니다"라면서 기도를 시작했다. 대통령과 나는 얼떨결에 두 손을 모으고 말 잘 듣는 주일학교 아이들처럼 눈을 감았다. 이윽고 "아멘" 소리와 함께 기도가 끝나자, 조용기 목사는 조용히 인사를 하고 일어나서 방을 나갔다.

우리 둘은 지금 이게 무슨 상황이지 하는 표정으로 잠깐 서로를 쳐다보며 말없이 앉아 있었다. 대략 20분 정도 걸린 면담 아닌 그 면담에서 노 대통령이 한 말은 "네, 그러십시오"와 "아멘", 두 마디가 전부였다. 그제야 정신이 든 노 대통령은 고개를 절레절레 흔들며 "정말 희한한 분"이라고 혀를 끌끌 찼다. 한 나라의 대통령과 비서실장을 앉혀 놓고 혼자 예배를 본 뒤 휙 나가버리는 것도 재주라면 참 신기한 재주였다. 세상에는 별의별 사람이 다 있구나 싶었다.

아무튼 대통령에게 연설은 매우 중요하다. 대통령이 자신의 국정 운영 철학과 방향을 담아 국민에게 직접 전달하는 흔치 않은 기회인 데다 대중의 집중도도 매우 높다. 사실 막상 임기를 시작하면 대통령이 직접 국민들 앞에서 연설을 할 기회는 생각보다 많지가 않다. 임기 5년 동안의 연설을 다 합쳐도 선거

유세 때의 연설 횟수와는 비교도 안 된다.

대통령의 연설 중 특별히 신경을 많이 쓰는 것은 신년 국정연설, 광복절 경축사, 삼일절 기념 연설, 국군의 날 기념 연설 등이다. 이런 굵직한 연설은 몇 달 전부터 준비하고 검토한다. 전체 기조를 결정한 뒤 핵심단어에서부터 작은 조사 하나까지 일일이 신경을 쓴다. 청와대 연설비서관실에서 초안을 써서 대통령의 피드백을 받으며 여러 차례 수정에 수정을 거듭하는 건 기본에다, 광복절 경축사같이 중요한 연설은 수석비서관들까지 회람하면서 같이 검토하는 경우도 있다.

말이 이치에 맞지 않으면 나라를 그르친다

대통령이 이런 굵직한 연설에 얼마나 많은 공을 들이는지, 그 메시지가 얼마나 중요한지를 누구보다 잘 알기 때문일까. 나는 지난 2016년 박근혜 대통령의 광복절 경축사를 듣고 청와대가 뭔가 크게 잘못 돌아가고 있구나 하고 직감했다. 박 대통령이 안중근 의사의 순국 장소를 뤼순 감옥이 아닌 하얼빈 감옥으로 말한 대목에서였다. 단순히 '대통령이 그것도 모르다니'라는 차원에서가 아니다. 연설문에 명확히 틀린 정보가 담겨 있었음에도 아무도 그걸 잡아내지 못한 것에 대한 충격이었다.

물론 이전에도 박 대통령의 연설에는 문제가 많았다. 국정철학은 차치하고라도 "혼이 비정상," "온 우주가 돕는다"는 등의 주술적 표현이나, "통일은 대박" 같은 도무지 격에 맞지 않는 표현이 심심치 않게 튀어나왔던 것이다. 그럴 때마다 나는 연설비서관이 정말 희한한 사람이거나 박 대통령의 언어 수준이 저 정도구나 싶어 깊은 한숨이 절로 나왔다.

그런데 대통령의 연설문에 담긴 사실 자체가 틀렸다는 건 곧 청와대 비서실 시스템에 뭔가 큰 구멍이 뚫려있음을 암시했다. 한 나라 대통령의 연설비서관이라는 직책의 사람이 그런 실수를 해서도 안 되지만, 설령 실수가 있었다 해도 그게 여러 사람을 거치는 과정에서 전혀 걸러지지 않았다는 건 시스템상의 큰 문제다. 게다가 박 대통령은 불과 한 달 전 자신이 주재한 무역투자진흥회의 모두 발언에서, 고객의 요구를 파악하지 않고 기술 중심으로 접근해 실패한 사례인 '울워스의 쥐덫'을 성공 사례로 언급해 이미 망신살이 뻗친 적이 있었다. 무릇 한 번은 실수일 수 있지만, 그게 반복되면 잘못이 되고 죄가 되는 법이라는 말이 이래서 생겨난 말인가 보다.

그에 비해 이전의 대통령들은 방금 이야기한 것처럼 연설비서관실이라는 청와대 시스템 안에서 그들의 '말'을 완성했다.

연설담당 비서관이 처음 생긴 건 국민의 정부 때의 일이다. 과거 정권에서는 대변인이 대통령의 연설문을 쓰고 발표까지 도맡아 하는 등 외부로 공개되는 청와대의 모든 언어를 총괄했지만, 김대중 대통령은 IMF 외환위기를 맞아 청와대 비서실을 최소한의 규모로 줄이던 와중에도 공보수석실 아래 연설담당 비서관, 국내언론 담당, 해외 언론담당같이 비서관 직책을 전문화·세분화했다.

연설비서관은 대통령의 어휘와 말하는 스타일 뿐 아니라 대통령의 생각까지도 꼼꼼히 살펴야 하는 직책이다. 따라서 연설비서관은 의전비서관, 부속비서관과 더불어 가장 긴 시간을 대통령 곁에 붙어 있는 사람 중 하나다. 대통령의 생각이 어제와 미세하게 달라졌다면, 오늘의 달라진 지점을 가장 빨리 간파해야 하는 것도 연설비서관의 몫이다. 따라서 그는 대통령의 말이라면 사소한 한 마디도 놓치지 않는 순발력과 감각을 겸비해야 한다. 김경수 민주당 현 의원은 참여정부의 연설기획비서관이던 시절 하루 일정을 점검하는 아침 회의 때부터 퇴근 때까지 노무현 대통령의 모든 말을 일일이 받아 적었다. 국민의 정부 때부터 공보 수석실에서 일했던 강원국 연설비서관 역시도 노대통령이 갑자기 전화를 걸어 자신의 생각을 불러주는 경우가 종종 있었기 때문에 24시간 메모지와 펜을 주머니에 넣고 다녔다고 한다.

이들은 설령 필요하다면 대통령에 빙의해서라도 어떻게든 그의 속 안에 들어있는 생각을 끄집어내 언어로 구현해야 하는 사람들이다. 그리고 그 언어가 일단 대통령의 입을 거쳐 밖으로 나오는 순간, 그건 고스란히 대통령의 언어가 된다. 찬사를 받건 비난을 받건, 책임은 오롯이 대통령의 몫이 되는 것이다. 따라서 연설문 작성 작업의 중심은 결국 대통령 자신이다. 대통령이 만들어진 연설문을 그저 낭독만 하는 앵무새가 되어서는 안 된다는 것이다. 비서관이 올린 안이 자신의 국정운영 철학을 제대로 담았는지 파악할 수 있는 머리는 기본이거니와, 똑같은 내용이라도 국민들에게 어떻게 진심으로 가닿게 할지를 아는 가슴이 있어야 한다.

그런 면에 있어서 김대중과 노무현 두 대통령은 각자 나름의 자신감에 차 있었고, 그래서 휘하의 연설비서관들을 더욱더 고생시킨 경우였다. 일단 김대중 대통령은 연설비서관이 올린 연설문 초안에 빨간 펜으로 일일이 첨삭지도를 했던 분이었다. 만약 전체적으로 다 마음에 들지 않는다 싶으면, 아예 아무 말 없이 자신이 구술한 녹음테이프를 비서실에 내려보내는 경우도 있었다.

심지어 정무수석이던 나도 그런 녹음테이프를 받은 적이 있다. 지금은 이름도 잘 기억나지 않는 어느 잡지에서 창간특집으로 대통령의 지면 인터뷰를 싣기로 돼 있었는데, 워낙 바쁘다 보니 마감일이 다 돼 버렸다. 그래서 내가 자청해 대신 답변 원고를 쓰겠다고 했더니, 보내기 전에 반드시 자신에게 보여 달라는 것이었다. 그리고 그날 저녁 원고를 갖다 드린 나는 바로 다음 날 아침 녹음테이프 하나를 전달받았다. 내가 작성한 답변들이 마음에 안 들어서 새벽 1시까지 혼자 녹음기에다 대고 답변을 풀어내신 거였다. 노무현 대통령 역시도 종종 구술 녹음을 활용했다. 연설비서관이 작성한 연설문이 논리가 허술하다 싶으면 한 번씩 불러서 '박살 낸' 다음, 직접 말로 이야기한 내용을 비서관이 녹음해 풀게 한 것이다.

노무현 대통령은 정치가로서 매력적인 언어를 구사했지만, 또 한 편으로는 너무 직설적인 측면도 있었다. 대통령은 정치적으로 따져봤을 때 공식 석상에서 해야 할 말과 해서는 안 될 말을 좀 가릴 필요가 있는데, 노 대통령은 그 경계의 담장을 아슬아슬하게 넘나드는 적이 많았다. 그래서 비서실장인 내가 듣기에 대통령의 말 속에 혹시 오해를 살 소지가 있다고 판단되면, 따로 기자나 국회의원들에게 "대통령이 얘기하려던 뜻은 그런 게 아니라 이런 거"라고 한 번 더 풀어서 설명한 적도 여러 번이었다.

그 가운데는 대통령의 즉흥적이고 직설적인 스타일 때문에 아찔했던 경험도 있었다. 2003년 4월 2일 대통령의 취임 후 첫 국회 연설이 예정된 날의 일이었다. 당시는 대통령이 대선 후보 시절 언론특보였던 서동구를 KBS 사장으로 임명해 야당과 노조가 강하게 반발하던 시기였다. 그러나 그날 연설에서 핵심적으로 짚을 내용은 그 문제가 아니라 이라크 파병의 불가피성을 설명하고 국회의 협조를 구하는 것이었다. 나는 왠지 불안한 예감에 일부러 수행원을 물리치고 국회로 가는 대통령의 차 옆자리에 올라타 신신당부했다.

"오늘은 써 드린 원고에 없는 내용은 절대 입에 담으시면 안 됩니다. 만일 그러는 날에는 저 다시는 대통령님 안 볼 거예요."

"아이고, 걱정 마십시오. 제가 무슨 애도 아니고."

다행히 대통령은 연설문을 크게 벗어나지 않는 선에서 예정된 시간을 잘 마무리했다. 이제 인사를 하고 연단에서 내려오기만 하면 되는 거였다. 그런데 그때 노 대통령이 갑자기 "제가 대통령으로서 하나 더 말씀드릴 게 있습니다"라는 게 아닌가.

나는 그냥 두 눈을 질끈 감아 버렸다. 그는 15분에 걸쳐 KBS 사장의 임명 경위를 소상히 설명하고 의원들의 이해를 부탁한 뒤 연단을 내려왔다. 그러고는 뒷목을 잡고 있던 내게 다가와 조용히 웃으면서 말했다.

"속으로 KBS 이야기를 할까 말까 고민하던 찰나에 문 실장님 얼굴이 딱 보이는 거예요. 그러니까 왠지 더 하고 싶어지데요."

사과의 정치학

대통령의 말에는 책임이 뒤따른다. 특히 그 책임에 무게가 더 실리는 대통령의 말이 대국민담화다. 대국민담화는 어떤 문제 상황에 봉착했을 때, 그에 대한 대통령의 의견이나 국가의 대응 정책을 공식적으로 발표하는 것을 말한다. 외국의 경우 지진이나 테러 등 국가 재난 사태가 발생했을 때 대비책을 긴급 대국민담화로 발표하기도 하는데, 안타깝게도 우리나라 대통령의 대국민담화는 대부분 대국민 사과가 주를 이뤘다.

사람과 사람 사이에서 다툼과 실수로 갈등이 생겼을 때 "미안하다"는 진심 어린 말 한마디가 극적으로 관계를 회복시키는 계기가 되듯, 국민을 향한 대통령의 사과도 정국을 안정시키고 국민 여론을 가라앉히는 중요한 통치행위가 된다. 그래서 정부의 실정이 드러났을 때 국민이 일차적으로 요구하는 것도 대통령의 공식 사과다. 그런데 이 "미안해"라는 한마디에는 때로 정말 많은 용기가 필요하다. 거기에는 자신의 잘못에 대한 인정과 반성, 그 잘못을 반복하지 않겠다는 개선의 의지가 동시에 담겨야 한다.

대한민국의 역대 대통령들은 하나같이 각종 친인척 비리가 원인이 되어 국민의 신뢰가 무너지고 대통령 지지율이 바닥으로 곤두박질치는 바람에 국민 앞에 고개를 숙여야 했던 공통된 경험을 갖고 있다. 김영삼 대통령은 아들인 김현철이 한보 비리와 각종 국정에 개입한 탓에 사과했고, 김대중 대통령도 세 아들이 차례로 이런저런 게이트에 연루된 것으로 드러나 역시 국민들에게 머리를 숙여야 했다. 이밖에 노무현 대통령과 이명박 대통령은 각각 친형인 노건평과 이상득 의원의 비리 혐의로 대국민 사과 대열에 합류했다. 그에 비해 최근 박근혜 대통령은 자신이 직접 비리의 당사자로서 대국민사과를 해야 했다. 눈물까지 흘렸던 세월호 참사 이후 두 번째 사과였다.

반면 참모들의 간곡한 권유에도 불구하고 끝끝내 대국민사과를 거부하거나, 반대로 참모들이 뜯어말리는데도 기어코 국민들에게 사과를 한 경우도 있었다. 둘 다 그 주인공은 노무현 대통령이었다. 노 대통령은 2004년 3월 11일, 국회의 탄핵소추안 가결을 앞두고 특별 기자회견을 열었다. 그 자리에서 그는 "탄핵 정국을 초래한 데 대해 대통령이 사과해야 한다는 여론이 많은 것은 잘 알고 있다"고 입을 열었다. 그런 뒤 "잘못이 뭔지는 잘 모르겠는데 시끄러우니까 사과하고 넘어가자, 그래서 탄핵을 모면하고 보자, 이렇게 하라는 것이면 제가 받아들이기 어렵습니다"라며 단호하게 대국민 사과를 거부했다. 스스로 절대 타협할 수 없는 지점이 있는데, 자신에 대한 탄핵 시도가 바로 그 지점에 해당한다고 판단한 것이다.

반면 2006년 겨울 전용철·홍덕표 두 농민이 경찰의 과잉진압으로 사망했을 때는 참모들의 만류에도 불구하고 사과의 뜻을 굽히지 않았다. 국가인권위원회의 조사 결과가 나오자마자 다음날인 12월 27일 청와대 춘추관에서 대국민 사과문을 발표하며 그는, 유가족에게 깊은 위로를 전한 뒤 책임자들에게 적절한 책임을 물을 것과 재발 방지 및 국가배상을 약속했다. 그리고 이렇게 덧붙였다.

"저의 사과에 대해 시위대가 일상적으로 휘두르는 폭력 앞에서 위험을 감수하고 힘들게 직무를 수행하는 경찰의 사기와 안전을 걱정하는 분들의 우려와 불만이 있을 것입니다. 특히 자식을 전경으로 보낸 부모님 중에 그런 분이 많을 것입니다. 또 공권력도 사람이 하는 것이라 자칫 감정이나 혼란에 빠지면 이성을 잃을 수도 있는 것이고, 폭력시위를 주도한 사람들에게도 원인이 있는데 경찰에게만 책임을 묻는 것이 불공평하다는 비판이 있을 수도 있습니다."

"그러나 공권력은 특수한 권력입니다. 정도를 넘어서 행사하거나 남용될 경우 국민들에게 미치는 피해가 너무 심각하기 때문에 어떤 경우라도 냉정하고 침착하게 행사하도록 통제되지 않으면 안 됩니다. 그러므로 공권력의 책임은 일반 국민들의 책임과는 달리 특별히 무겁게 다뤄야 합니다. 이 점을 국민 여러분과 함께 공직사회 모두에게 다시 한번 명백히 하고자 합니다. 아울러 말씀드리고 싶은 점은 쇠파이프를 마구 휘두르는 폭력 시위가 없었다면 이런 불행한 결과는 없을 것이라는 점입니다. 이 점에 관해서는 정부와 시민사회가 함께 머리를 맞대고 진지하게 대책을 마련해 나가야 할 것입니다. 정부도 이전과는 다른 대책을 세우도록 하겠습니다. 국민 여러분, 다시 한번 송구스럽다는 말씀과 함께 다시는 이런 일이 생기지 않도록 철저하게 대비하겠다는 다짐을 드립니다."

이번 헌법재판소의 탄핵심판 기간 중 박근혜 대통령도 불시에 기자간담회를 열었다. 녹음도 안 되고 촬영도 할 수 없는 일방적인 간담회였다. 기자들이 병풍처럼 서 있던 이 날 간담회에서 박근혜 대통령은 대국민 사과를 했을 때와는 완전히 다른 자세로 자신은 아무 잘못이 없다는 주장만을 되풀이했다.

"(KD코퍼레이션) 그것도 그런 차원에서 기술력이 있다니까 여기도 큰 거대한 기업에 끼어서 제대로 명함 한번 못 내미는 것 아닌가, 알아보고 그런 실력이 있다고 하면 한번 기회를 가질 수 있는 것도 좋지 않겠느냐 그런 차원이었어요."

"(삼성 합병 개입 의혹은) 완전히 (나를) 엮은 것입니다… 그 누구를 봐줄 생각, 이것은 손톱만큼도 없었고 제 머릿속에 아예 없었어요."

내용도 논리도 없는 궁색한 변명을 어쩜 이렇게 당당하게 꺼내놓을 수 있을까. 개인적인 경험으로는 대통령이 되기 전엔 이 정도까지는 아니었던 걸로 기억한다. 외교통상위원회 활동을 같이할 때만 해도 비록 내용은 없을지언정 대화는 자연스러웠고, 피드백도 빨랐다.

그런데 청와대에 들어간 뒤 박 대통령의 소통 능력은 오히려 예전보다 후퇴한 듯하다. 당선자 시절부터 임기 중에 그를 만난 게 공식, 비공식 만남을 합쳐 스무 번이 넘는데, 그때마다 정책이나 구체적인 쟁점 사안에 관해서는 별다른 피드백도 없을뿐더러 아예 대화 자체가 되지 않는다는 느낌이었다. 내가 제기한 사안과는 전혀 동떨어지게 "김영란법, 서비스산업발전기본법, 공공부문 성과제, 세 가지를 빨리 국회에서 통과시켜주셔야 한다"는 동문서답만 되풀이한 적도 있었다. 이럴 바엔 차라리 자동응답기를 틀어놓을 것이지, 하는 생각까지 들 정도였다.

게다가 언어구사력 자체도 더 안 좋아진 것 같았다. 같은 단어를 반복하고, 어린아이 같은 미숙어를 구사한다. 명확한 개념의 단어를 말하지 않고, '이, 그, 저' 같은 지시대명사만 반복해서 쓰는 데다, 한 문장이 당최 끊어지질 않으니 무슨 말을 하는지 도무지 종잡을 수가 없다. 어쩌면 그도 지금 자신이 무슨 말을 하는지 모르는 게 아닐까 하는 걱정마저 든다. 남이 대신 써준 걸 읽는 것에 점점 익숙해져서 이제는 공인으로서의 기본적인 소양마저 상실한 지경에 이른 듯해 안타깝기 그지없다. 자리가 사람을 만든다더니만, 이런 예외적인 경우도 다 있구나 싶다.

대통령의

삶, 마무리

01

화려한 꽃도 영원할 순 없다
: 레임덕의 시작

제아무리 화려한 꽃도 영원히 피어있을 수는 없듯, 대통령의 권력도 한 시대를 풍미하고 사그라진다. 꽃이 피어있는 시간은 5년. 그러나 시들기 시작하는 건 5년이 끝나기 훨씬 전부터다. 우리나라에서는 보통 3년 차에 레임덕이 시작된다. 어찌 보면 굉장히 빨리 오는 편에 속하는데, 대통령과 청와대 주위에서 크고 작은 비리가 하나둘씩 터져 나오기 시작하면 점점 권력의 꽃이 시들기 시작했다는 걸 알 수 있는 징조라고 보면 된다.

임기 3년 차, 레임덕이 시작된다.

권력이 단단하지 못하면 제일 먼저 청와대 기강이 해이해진다. 임기 중반을 넘기면 대통령은 "이제 끝나가는구나" 하는 느낌이 들기 시작하고, 서서히 퇴임 후의 삶에 관해 생각하게 된다. 그러니 당연히 측근들에게도 미래에 관한 고민이 점차 밀려올 수밖에 없다. 그래서 청와대의 '어공'(어쩌다 공무원)들은 대통령의 임기가 끝나기 1년 전 자리 이동이 가장 잦다. 청와대에서 일한 경력으로 정부 산하기관의 임원 자리로 가는 경우가 많은데, 완전히 정권 말로 넘어가기 전, 그러니까 청와대라는 후광이 빛을 잃기 전에 미리 자리를 선점해놓고 싶은 것이다.

간혹 끝나기 전에 위험한 '한탕'의 유혹에 빠져드는 사람들도 있다. 일하는 사람들의 마음이 붕 뜨기 시작하면, 권력 주위를 어슬렁대던 눈치 빠른 하이에나들이 그 허술한 틈새를 비집고 들어온다. 그러면 평생 법 없이도 살 것 같던 사람이 어느 날 갑자기 비리 사건에 연루돼 신문에 이름이 오르내리기도 한다. 간혹 개중에는 자신에게 닥쳐올 어두운 미래를 미리 예감하는 사람들도 있다. 이명박 정권의 최고 실세로 한때 '상왕'으로까지 불렸던 이상득 전 의원은 대통령 임기 말 사석에서 농담인 듯 진담인 듯 "나는 감옥 갈 준비가 되어 있어. (임기) 끝나고 감옥 가라면 가야지, 안 갈 수 있겠나?"라고 내뱉기도 했다.

대통령이 무리수를 두기 시작하는 것도 레임덕의 징조다. 다들 고개를 갸웃하는데도 무리한 인사와 정책을 고집스레 밀어붙이려고 한다. 여기엔 얼마 남지 않은 시간 동안 그래도 역사책에 한 줄이나마 기록될만한 업적을 남겨놓아야 된다는 조바심이 가장 크게 작용하지만, 다른 한편으로는 권력의 정중앙에서 3년이 넘는 시간을 보내며 자신도 모르게 점차 고립되어간 까닭도 있다.

미국에서도 백악관에 갇힌 대통령이 외부 세상과 단절돼 대중의 일상과 멀어지는 걸 뜻하는 '백악관 버블White House Bubble'이란 말이 있듯이 우리에게도 청와대 버블이 있는 것이다.

인간이 공간적인 면에서 남들과 동떨어지게 되면 곧 현실 감각을 잃게 되고 자기 독선에 빠지기 쉽다. 주변에서 하는 수많은 이야기 중에서도 달콤한 말만 자꾸 귀에 꽂히고, 자신이 그런 모습을 보이니 국정원이나 경찰, 검찰 등에서 취합돼 올라오는 보고들도 점점 대통령의 입맛에 맞거나 흐뭇해할 만한 내용들 일색이 되어간다.

그때 제대로 된 판단력과 자기성찰 능력을 갖춘 대통령이라면 다소 흔들린다 싶다가도 이내 오뚝이처럼 중심을 다잡을 수 있지만, 그렇지 못한 대통령은 아예 한쪽으로 확 쏠린 채 굳어져버리기 딱 좋다. 그러다 보면 이제 하나둘씩 무리수를 꺼내놓게 되는 것이다. 주변과 여론의 반대는 "훗날 역사가 나를 평가해 줄 것"이라는 말로 가볍게 묵살한 채 말이다.

'할 일이 산더미인데 남은 시간이 없다'는 조급함

단임이든 연임이든 어차피 재임 횟수를 제한한 대통령제를 채택하고 있는 이상 레임덕은 일정 정도 피할 수 없는 현상일지 모른다. 하지만 다 같은 대통령이라고 해서 꽃이 시들어가는 시간을 보내는 모습까지 같지는 않다. 스스로 고립과 몰락을 자초하는 이가 있는가 하면, 자신의 통찰력과 지혜로 그것을 극복해 가는 사람도 있다.

김대중 대통령은 물러날 준비를 하면서 어떻게 하면 민주적이고 개혁적인 정권이 자신을 이어갈 수 있을지를 고민했다. 그래서 임기 말 그는 민주당 경선에 돌입하기 전까지는 당시 대세론의 주인공이었던 이인제 후보를 물심양면으로 밀다가 광주 경선 이후 일대 노무현 바람이 일자 물밑에서 노 후보의 당선을 알게 모르게 지원했다. 이는 자칫 변심으로 읽힐 수도 있는 대목이지만, 김 대통령의 진심은 누구든 국민의 마음을 얻는 후보에게 힘을 실어줌으로써 그것이 정권 재창출로 이어지기를 바라고 또 거기에 힘을 보태겠다는 것이었다.

반면 노무현 대통령은 임기가 후반으로 접어들면서 마음이 조급해진 기색이 역력했다. 아직 해야 할 일은 산더미인데, 권력은 이미 저물어가는 조짐을 보이고 있었기 때문이다. 그리고 그런 조급함은 섣부른 판단과 실수로 곧장 이어졌다. 그의 임기 3년 차이던 2005년, 여당인 열린우리당은 4.30 보궐 선거에서 0 대 23이라는 역사에 남을 참패를 당했다.

야당은 기세등등했고, 여당은 충격과 혼란에 빠졌으며, 대통령의 정상적인 국정운영은 사실상 불가능한 지경에 이르렀다.

말도 많고 탈도 많았던 한나라당과의 대연정 제안이 나온 건 바로 그때였다. 당시 그 제안을 손에 들고 야당인 한나라당의 박근혜 대표를 만나러 간 게 나였다. 지역구도 타파를 위한 선거제도 개편을 받아주면 내각제에 준하는 수준으로까지 대통령의 권력을 나누겠다는 파격적인 제안이었으나, 박근혜 대표는 일언지하에 거부했다. 그리고 기자회견을 열어 "민생경제를 살리는 일에 전념하라"는 핀잔까지 얹었다. 이후로도 대통령은 한동안 대연정에 미련을 못 버린 채 물밑으로 사람을 보내고 공식 석상에서의 만남을 주선하며 한나라당을 설득했지만, 결국 실패로 끝났다. 대통령과 여당에게 남은 건 상처뿐, 영광 따윈 없었다.

결과적으로 대연정 제안은 노 대통령의 대표적인 판단 실수 중에 하나로 꼽히고 있지만, 사실 그때 노 대통령은 “이대로 가는 게 과연 국가를 위해 바람직한가?”라는 근본적인 질문을 던졌던 것 같다. ‘내 임기 안에 다른 건 몰라도 지역주의 청산이라는 과제만큼은 꼭 해결해놓고 물러나겠다는 강한 열망이 있는데, 그러자니 손에 쥔 카드가 너무 없다. 그렇다고 아무것도 못한 채 이대로 자리만 차지하고 있는 건 결국 국가 전체에 해가 되는 건 아닌가. 그럼 승부수를 한 번 던지자’라고 생각하게 된 것이다. 그래서 “임기를 단축할 수도 있다”, “권력을 통째로 내놓겠다”던 당시 그의 발언은 돌발적이거나 즉흥적인 게 아니라 그의 진심이 고스란히 녹아있는 말이라 하겠다.

그리고 일 년이라는 시간이 또 흘러 임기 4년 차인 2006년 가을, 나는 노 대통령에게 걱정스런 마음을 담아 편지를 한 통 보냈다. 열린우리당이 2006년 5월 지방선거에서 또 참패하고, 대통령 지지율은 한 자릿수로까지 떨어진 시점의 일이었다. 내가 편지에서 말한 핵심은 “언론과의 관계를 개선하고, 공권력을 회복해야 하며, 말을 줄여야 한다”는 것이었다.

그러자 대통령으로부터 편지 잘 읽었으니 청와대로 한 번 들어오라는 전갈이 왔다. 이윽고 나는 추석 무렵 청와대를 들렀고, 노 대통령은 내게 “편지에서 이 부분은 당신 말이 맞다. 그런데 나는 이 대목에 관해서는 생각이 다르다”며 요목조목 자신의 입장을 설명했다. 그래서 나도 편지를 쓰게 된 이유와 현 정국에 대한 나의 솔직한 견해를 밝혔고, 대통령은 줄곧 내 말에 경청하며 대화를 이어갔다.

사실 전혀 특별할 것 없는 그 날의 만남과 대화가 지금도 내 기억 속에 또렷이 자리하고 있는 이유는 대통령이 내게 보여준 태도 때문이었다. 보기에 따라서는 나의 편지와 조언이 누구 말처럼 대통령에 대한 항명이 될 수도 있고, 오지랖으로 느껴졌을 수도 있었을 것이다. 보통 사람도 누군가 “당신이 잘못하고 있다”고 할 때 그 불편한 이야기를 경청하고 인정하는 건, 정말 쉽지가 않다. 더군다나 최고 권력자인 대통령은 오죽하겠는가. “당신이 뭘 안다고 지금 와서 참견이야”하고 외면하면 될 일이다. 하지만 노 대통령은 자신의 생각을 분명하게 전하면서도 “문 의원님 이야기, 충분히 들었고 잘 알았습니다”라는 태도를 끝까지 버리지 않았다. 나는 그 날 청와대를 떠나오면서 속으로 ‘그래, 저 양반이 이대로 주저앉고 말 사람은 아니야’라고 되뇌며 얼마나 안심했는지 모른다.

나는 그것이 바로 지도자의 포용력과 균형 감각이라고 생각한다. 물론 인간은 나약하고 흔들리는 존재라, 권력자를 감시하고 견제하는 제도를 만들어놓을 수밖에 없다. 그래서 국회가 있고, 법원이 있고, 언론이 있는 것이다. 그러나 제도를 무력화시키는 힘 또한 인간에게 있다. 인간이 권력의 피라미드 최고 꼭대기에서 몇 년을 지내다 보면, 자신도 모르는 새 모든 게 하찮게 보이고 제도조차 거추장스럽게 느껴지기 십상이다. 국회는 '하는 일은 없으면서 말만 앞세우는 집단'이 되고, 법원은 나와는 상관없는 곳이 되며, 언론은 '먹잇감을 찾아 어슬렁대는 하이에나'처럼 물고 뜯기나 하는 존재가 된다.

따라서 포용력과 균형 감각이 그만큼 더 빛을 발하는 순간이 임기 말이다. 이 두 가지는 역사의식과 지혜, 통찰력이 포함된 지적 자본이다. 그걸 잃는 순간 지도력도 무너진다. 나는 이명박 대통령이 임기 4년 차를 맞이했을 때도 그에게 비슷한 내용의 글을 보낸 적이 있다. 거기엔 국가경영 능력과 국민통합 능력의 부재에 대한 지적과 남은 2년을 위한 제언이 담겨 있었다. 그러나 나는 이 대통령으로부터 아무런 연락이나 대답도 듣지 못했다.

02

지우려 말고 자기만의 길을 가라
: 옛 권력 VS 새 권력

모름지기 어제 저문 해는 오늘 떠오르는 해와 마주치지 않는 법. 그것이 자연의 이치다. 그러나 우리 인간사는 확실히 자연의 이치와는 다르다. 어제의 권력과 오늘의 권력이 한 자리에 마주 앉기도 하는 것이다.

참여정부 시절, 노무현 대통령이 전직 대통령들을 청와대로 초청했을 때의 이야기다. 임기를 시작하는 대통령이 전직 대통령들에 대한 예우를 갖추기 위해 마련된 자리였지만, 굴곡 많은 대한민국 현대사에 악수를 건네며 새로운 관계를 정립하는 상징적인 자리이기도 했다. 당시 그 자리에는 김영삼 대통령을 제외한 전두환, 노태우, 김대중 대통령이 참석했고, 비서실장이던 나는 배석자로 함께 했다.

그때 곁에서 지켜본 그들의 관계는 참으로 미묘한 구석이 있었다. 주로 대화를 주도하는 쪽은 전두환 대통령이었는데, 육사 동기생인 노태우 대통령은 그에게 꼼짝도 못 하는 모양새였다. 노태우 대통령이 무슨 말이라도 꺼낼라치면, 전 대통령이 "뭐 그런 이야기를 하냐"며 말허리를 자르곤 했던 것이다. 반면 그런 전 대통령도 김대중 대통령이 입을 열면 언제 그랬냐는 듯 얌전한 학생처럼 앉아서 경청하기만 했다. 아마도 과거 김대중 대통령에게 사형을 선고했던 미안함과 그런 자신을 사면해준 '통 큰 용서'에 대한 고마움 때문이었는지도 모르겠다.

그런가 하면, 또 김대중 대통령은 자신보다 연배가 훨씬 낮은 노무현 대통령에게 시종일관 깍듯함을 잃지 않았다. 워낙 그를 인간적으로 신뢰하기도 했지만, 다른 전직 대통령들 앞에서 현직 대통령을 존중하는 모습을 몸소 보여주려는 의도였으리라. 그들을 보고 있자니, 전현직 대통령들의 관계란 한 개인과 개인의 관계를 넘어 역사 속에서 마치 뫼비우스의 띠처럼 서로 이어져 있구나 싶었다.

현행 헌법상 대통령은 어떤 일이 있어도 5년에 한 번은 바뀐다. 그런데 새로 임기를 시작하는 정권은 대체로 이전 정권의 행적을 지우고 싶어 하는 경향이 있다. 새하얀 도화지 위에 자기만의 그림을 그려 '나의 작품'을 만들고 싶은 게 시작하는 모든 대통령의 마음 한구석에 자리한 심리인 것이다. 정치공학적인 측면에서 보더라도 신임 정권에는 "우리는 다르다"는 고유한 정당성이 어느 정도 필요한 게 사실이다. 이를 위해 정권 초기에는 이전 정권과의 차별화 정책이 시도된다. 특히 그것이 정권교체인 경우는 그 폭과 강도가 더 넓고 강해진다.

물론 과거 정권에서의 잘못된 관행이나 적폐가 있다면, 그 뒤를 이은 정권은 어떠한 타협도 없이 그것을 청산해야 한다. 이는 차별화가 아니라 역사를 바로잡고 정의를 세우는 과업이다. 차별화와 과거 정권의 적폐 청산은 교집합과 차집합 영역이 있다. 차별화이면서 적폐 청산인 경우와 온전히 적폐 청산인 경우, 과도한 차별화인 경우가 나뉘어 있다. 그리고 그걸 가르는 건 결국 합리성과 공정성이다. 만약 그 두 가지 요소가 결여돼 있다면, 그건 단지 '쟤네들이 한 건 다 꼴도 보기 싫어'하는 수준 그 이상도 이하도 아닌 게 된다.

'쟤네들이 한 건 다 꼴도 보기 싫어'

내가 보기엔 이명박 정권이 딱 그랬다. 그들은 참여정부의 유산이라면 그게 좋은 거든 나쁜 거든 가리지 않고 몽땅 지워버리려고 아예 작정한 사람들 같았다. 먼저 이명박 정권은 인수위원회 시절 권위적으로 들린다는 이유로 청와대 비서실이란 명칭을 대통령실로 바꿨다. 이는 그 자체로 옳다 그르다 할 수 있는 사안은 전혀 아니다. 다만 기업 경영인 출신이라 그런지, 이 대통령은 실체와 역할, 타당성, 이런 거보다는 이름 짓기에 더 주력하는 듯한 경향이 있었다. '4대강 살리기', '녹색 성장' 같은 경우가 대표적인 예다. 청와대 내의 조직 역시도 내가 보기엔 별로 하는 일이 다를 것 같지 않은데도 명칭을 조금씩 달리했다. 아무튼 그 정도는 귀엽게 봐줄 수 있는 수준이었다.

다음으로 그들은 인수위원회 출범 20일 만에 정부조직 개편안을 확정했는데, 정부조직법을 비롯해 관련 법안을 무려 45개나 뜯어고치는 전면적인 조직 개편이었다. 그 과정에서 통일부와 여성가족부, 과학기술부, 정보통신부, 해양수산부를 몽땅 없애려는 시도가 있었다. 이른바 작고 실용적인 정부를 만들겠다는 건데, 실제로는 지난 정부의 흔적을 지우기 위해서 지난 10여 년간 공들여 만든 기관들을 하루아침에 날리려는 의도로밖에는 해석되지 않았다.

예를 들어 3면이 바다로 둘러싸인 반도 국가가 기껏 만들어놓은 해양수산부를 없앤다는 게 말이나 될 법한 소리인가. 당연히 노무현 대통령이 전직 해양수산부 장관이라서 그 부처를 없앤다는 의심이 들 수밖에 없지 않을까. 그나마 다행히 야당의 반발로 통일부와 여성가족부는 살아남았지만 그 규모는 대폭 축소되었다.

그뿐만이 아니다. 안보 정권을 표방하면서도 국가안보위원회 사무처까지도 폐지하려 했다. 앞서 밝힌 대로 2,800여 권에 해당하는 위기관리 매뉴얼도 트럭에 실어 여러 부서로 쪼개어 보내버렸다. 오죽하면 임기를 며칠밖에 남기지 않은, 이제 힘이라곤 아무것도 없는 노무현 대통령이 기자회견을 열 생각까지 했을까. 그 날 노 대통령은 이명박 대통령이 없애거나 흡수 통합한 부서들을 일일이 나열하며 이렇게 울분을 토해냈다.

"정보통신부는 언제 왜 생겼는지 아십니까? 한국의 정보통신 기술과 산업은 지금 세계 일류 수준에서 최고 수준으로 달려가고 있습니다. 정보통신부가 없었더라면 우리 정보통신 기술이 세계 일류가 되었을까요? …… 과학기술부가 생기고 나서 한국의 과학기술 경쟁력이 얼마나 향상되었는지 분석해 보았습니까? …… 여성부가 왜 생겼고, 그것이 왜 여성가족부로 확대 개편되었는지, 그 철학적 근거가 무엇인지 살펴보았습니까? …… 인권위원회도 대통령 직속 기관으로 하는 것이 맞는 건가요? 이번 개편안에 대해 왜 국제인권

기구가 대한민국 인권 보호의 퇴보이며 독립성에 심각한 우려가 있다고 했을까요?"

"참여정부에서 수년에 걸쳐 공들여 다듬은 정부조직에 대해 인수위 출범 20일 만에 개편안을 확정하고, 이를 불과 1, 2주 만에 국회에서 처리하자고 합니다. 이처럼 큰일이 정말 토론이 필요 없는 일입니까?"

따라서 혹시 이명박 대통령은 정권을 위기로 내몰았던 광우병 촛불집회의 원인도 참여정부 탓이라 여긴 건 아닐까. 당선인 시절 노무현 대통령을 독대한 자리에서 그는 "미국산 쇠고기 수입을 현 정부에서 재개해 달라"고 요청했으나, 노 대통령이 이를 거절한 것으로 알려졌기 때문이다.

이렇듯 임기 시작부터 5년 내내 이명박 대통령은 노무현이라는 과거와의 싸움에 집착하는 모양새였다. 검찰의 망신주기 수사로 인한 노 대통령의 죽음도 그 연장선에서 벌어진 일일 테고 말이다. 나는 돌아가신 노 대통령을 떠올릴 때마다 이미 권력에서 물러나 시골에서 조용히 농사짓던 그를 이명박 정권이 왜 그토록 모질게 대했을까, 묻고 또 물었다. 그건 일종의 혐오였을까, 아니면 반대세력 뿌리 뽑기였을까? 이도 저도 아니면 열등감? 글쎄, 모르겠다.

물론 전임 정권에 대한 가차 없는 흔적 지우기는 우리나라에만 있는 현상은 아니다. 미국의 조지 W. 부시 대통령은 빌 클린턴에 이어 정권을 잡았을 때, '클린턴만 아니면 뭐든 괜찮아'라는 의미의 ABC Anything But Clinton 방침을 공공연히 내세운 바 있다. 도널드 트럼프 현 대통령 역시도 취임하자마자 맨 먼저 한 일이 이른바 '오바마 케어'라 불리는 건강보험개혁법 관련 규제를 완화하는 행정명령에 서명한 것과 오바마 행정부가 주도했던 환태평양경제동반자 협정TPP에서의 탈퇴를 선언한 일이었다.

그러나 과거를 지우는 데도 나름의 명분과 정당성은 있어야 마땅한 법 아니겠는가. 새 술은 새 부대에 담되, 전임자가 공들여 담가 둔 잘 익어가는 술까지 버리지는 말자는 이야기다.

그런 면에서 볼 때, 문민정부에서 국민의 정부로 정권이 교체됐을 시기는 예외적인 경우에 해당했다. 당시 역사상 최초로 경험하게 된 여야 정권 교체를 앞두고 국민들 사이에 막연히 불안한 심리가 팽배했던 게 사실이나, 예상과는 달리 큰 갈등 없이 평화적인 정권 교체가 이뤄졌던 것이다. 여기에는 IMF 외환

위기로 인한 사실상의 국가부도 사태를 맞아 보수와 진보할 것 없이 온 국민이 똘똘 뭉쳐 위기를 극복해야 한다는 공감대가 널리 형성되어 있었던 시대적 상황도 크게 작용했거니와, 알려진 바로는 김영삼 대통령이 여당의 이회창 후보보다 김대중 후보의 당선을 속으로 은근히 바랐다고 할 만큼 두 사람의 복잡하고도 미묘한 개인적인 관계도 어느 정도 작용하지 않았을까 한다.

반면 반대되는 경우도 있었다. 여당에서 여당으로 정권이 연장됐음에도 전·현직 정권 사이에 갈등이 크게 불거진 사례가 있는 것이다. 2003년 3월 노무현 대통령이 대북송금 사건 진상규명을 위한 특검법에 대해 거부권을 행사하지 않고 그대로 공포했을 때가 그랬다. 대북송금 특검법은 2000년 남북정상회담 성사를 위해 현대그룹에서 북한에 4억 5천만 달러를 송금했다는 의혹을 수사하기 위해 특별검사를 임명하는 법률이었다. 당연히 전임 김대중 대통령과 관계자들로서는 여러모로 당혹스러울 수밖에 없었다. 노무현 대통령의 특검법 공포가 두 정권 사이에 깊은 감정의 골로 이어질 거라는 건 불을 보듯 뻔했다.

사실 노 대통령은 당선자 시절부터 대북송금 특검법이 자신의 손을 떠났다고 생각했던 것 같다. 그는 나에게 “대북송금 관련한 문제를 전임 정권 차원에서 마무리하고 떠났으면 좋겠다"는 의사를 몇 번이나 김대중 대통령에게 전달하게 했다. 하지만 결과적으로 그렇게 되지 않았다. 그러다 취임 후 국회에서 특검법이 통과되자, 대통령더러 거부권을 행사하라는 시민사회의 요구는 갈수록 높아졌다. 자칫하면 대선에서 지지를 보냈던 지지자들이 대거 등을 돌릴 수도 있는 상황이었다. 그럼에도 거부권 행사를 포기한 노 대통령은 그 이유를 묻는 질문에 이렇게 답했다.

"어떤 일을 할 때 아무리 목적이 선하더라도 국민에게 동의를 구하지 않은 방법은 하지 않는 편이 좋습니다."

대북송금 특검은 내게 이불 속에 숨겨져 있던 바늘 같아서 떠올릴 때마다 가슴이 아프다. 하물며 내가 이럴진대, 김대중 대통령에게는 얼마나 큰 상처와 고통의 시간이었을 지는 감히 상상하기 힘들다. 하지만 나는 두 대통령 중 누구도 탓하고 싶지는 않다. 우리는 각자 주어진 상황에서 어렵지만 선택을 하고, 고통이든 비난이든 그것에 책임을 지며 살아갈 뿐이다.

그러나 내가 보기엔 대북송금 특검법이 두 대통령 간의 개인적인 신뢰관계까지 완전히 금을 그어놓은 것 같지는 않다. 특히 노무현 대통령은 김대중 대통령에게 아주 특별한 존경심을 갖고 있었다. 그도 김 대통령을 '영원한 스승'이라 여기던 나와 비슷한 감정을 품고 있음을 비서실장으로 있으면서 종종 느낄 수 있었다. 김대중 대통령은 2000년 부산에서 국회의원 선거와 시장 선거를 합쳐 네 번째 도전에 나섰다가 낙마한 노무현 대통령을 불러 해양수산부 장관에 임명한 적이 있었는데, 노 대통령은 가끔 그 시절을 "아주 특별하고 중요한 경험이었다"고 회상하곤 했다. 자신이 한 번도 해보지 못했던 행정을 직접 경험해 볼 수 있는 기회가 돼 대통령이 된 뒤에도 큰 도움이 되었다는 것이다. 그래서 불과 8개월밖에 장관직을 수행하지 못했음에도 자신에게 그런 기회를 준 김대중 대통령에게 각별한 고마움을 느끼고 있었다.

이들 두 대통령에 관한 잊히지 않는 기억이 하나 있다. 참여정부 비서실장을 하던 당시, 그러니까 노 대통령이 임기를 시작한 지 얼마 되지 않았을 때다. 김 대통령이 감기로 누워 계시다는 소식을 들었다. 나는 노 대통령에게 "김대중 대통령께서 편찮으셔서 며칠째 못 일어나고 계신답니다. 전화라도 넣을까요?"라고 물었다. 그러자 노 대통령은 걱정스런 얼굴로 "전화라니 무슨 말씀이십니까? 제가 직접 찾아뵌다고 전하세요"라고 답했다. 김대중 대통령에게 전화를 걸어 그대로 전했다. 그랬더니 김 대통령은 "대통령이 오긴 어디를 온단 말이냐"면서 오히려 나에게 "당신은 대통령 보좌를 어떻게 하는 거요?"라며 호통을 치는 것이었다. 대신 몸이 좀 낫는 대로 청와대에 한 번 들르겠노라 했다.

그리고 따스한 어느 봄날, 김대중 대통령이 청와대를 직접 찾았다. 백악실 창밖으로는 개나리가 흐드러지게 피어있었다. 평상시엔 대범함 그 자체였던 노 대통령은 그날따라 백악실 이곳저곳을 살피며 김대중 대통령이 도착하기까지 안절부절 가만히 있지를 못했다. 약속 시각 30분 전부터 나에게 "빨리 모시러 가보세요"라고 독촉을 하는가 싶더니, "아니, 내가 직접 가야지"하며 종종걸음으로 달려나가는 것이었다. 마치 가정방문 온 선생님을 마중 나가는 초등학생 같았다. 귀여웠다.

그날의 만남과 두 분이 식사를 하며 나눈 대화는 언론에 공개되지 않은 채 두 분과 나의 기억으로만 남았다. 그때 나는 뭐랄까, 두 대통령 사이에는 전·현직 간의 관계로는 설명할 수 없는 그 이상의 존중과 존경이 바탕에 굳건히 자리하고 있음을 느꼈다. 훗날 먼저 세상을 뜬 노 대통령의 영결식장에서 김 대통령이 그토록 서럽게 통곡하던 모습을 보며 그 상실감의 무게가 내게도 그대로 전달될 수 있었던 것도 바로 그래서다.

아무튼 이 대목에서 나는 앞으로 신임 정권을 이끌어갈 사람들에게 진심으로 부탁하고 싶다. 제발 자신들의 노력과 에너지를 불필요한 '전 정권 흔적 지우기'에 쏟지는 말아 달라는 부탁 말이다. 전임자가 담가 놓은 술을 굳이 버리지 않아도 새 부대에 담근 새 술은 얼마든지 맛있게 익을 수가 있다. 청산해야 할 적폐는 당연히 청산하되, 이어받아야 할 제도와 정책까지 무조건 부정하지는 말자. 목욕물을 버리려다 아이까지 버리는 어리석음은 이제 더 이상 되풀이하지 말자.

03

그래도 삶은 계속 된다
: 대통령의 퇴임 이후

최고 권력의 의자에서 내려온 대통령은 그 뒤 어떻게 살아갈까. 일단 헌법 85조는 '전직 대통령의 신분과 예우'에 관하여 이렇게 규정하고 있다.

"대통령은 퇴직 후 원래 보수의 95%에 해당하는 연금을 지급받는다. 비서관 3명과 운전기사 1명을 지원하고, 대통령 사망 후에는 유족에게 원래 보수의 70% 정도의 연금을 지급한다. 그러나 탄핵으로 퇴임하거나 형사 처벌을 받는 경우엔 일부 예우가 취소된다."

이렇듯 헌법은 단순히 퇴임한 대통령의 보수와 지원 인력만을 규정한다. 대통령 이후의 삶을 구성하는 수많은 다른 요소들은 그 어떤 법으로도 규정하기 어렵기 때문이다.

그렇다면 임기를 마친 대통령들은 전임으로서의 삶을 주로 어떻게 살아갈까. 일반적으로, 퇴임한 대통령들은 자신의 이름이나 호를 내세운 재단이나 도서관, 연구소 등을 설립하고 싶어 한다. 그곳을 기반으로 자신의 임기 5년을 정리하고, 못다 한 이야기를 담은 회고록을 집필하며, 정치에 관한 신념과 철학, 소회를 후대에 남기고자 하는 것이다.

반면 본인이 원해서건 아니건, 현실 정치에 여전히 강한 영향력을 미치는 대통령도 있다. 이미 그는 자리에서 물러났고 다시 그 자리에 앉을 가능성도 사실상 거의 없건만, 퇴임한 대통령이라고 해서 그가 가진 영향력이 일순간 송두리째 증발해버리는 건 아니다. 그의 말 한마디, 작은 행보 하나가 때로는 만만치 않은 물결을 일으킬 수 있는 상징성을 지니고 있는 것이다.

김대중 대통령의 경우만 보더라도, 생전에 선거 기간이 되면 같은 당 후보들이 앞 다투어 기자들과 카메라를 대동한 채 동교동 사저로 발길을 향하곤 했다. 환한 웃음을 머금은 그가 자신의 손을 잡고 어깨를 두들기는 사진 한 장만으로도 "김대중 대통령이 밀어주는 후보"라는 인식을 심어줘 표몰이에 유리한 효과를 발휘했기 때문이다.

물론 김대중 대통령은 본인 스스로도 퇴임 이후 여전히 정치 현장의 한 귀퉁이에서 자신이 해야 할 몫이 있다면 기꺼이 감당하고자 하는 의지가 누구보다 강했다. 현실적으로 완전히 손을 떼고 물러날 수 있는 상황도 아니었거니와, 생을 마감하는 순간까지 역사가 자신에게 쥐여준 소임이 무엇인지를 잘 알고 있었기 때문이다. 그래서 그는 북핵 문제로 인해 동북아에 긴장이 조성될 때면 정부의 암묵적인 요청 속에 수시로 중국을 찾아 엉킨 실타래를 풀어주는 역할을 마다치 않았으며, 정치적으로 중요한 대목에서도 발언을 아끼지 않았다. 이명박 정권 당시인 2009년 6월 11일 남북 공동선언 9돌 기념식 강연에서 "나쁜 정당에 투표하지 말고, 나쁜 신문을 보지 않고, 집회에 나가고, 인터넷에 글을 올리고, 하다못해 담벼락을 쳐다보고 욕이라도 할 수 있다. 하려고 하면 너무 많다"고 일갈했던 게 대표적이었다.

반면 퇴임 후에도 사실상 현역 못지않은 권력을 계속 유지하고자 미리 수를 쓰다 탈이 난 경우도 있다. 1984년부터 3년간 기업들의 팔목을 비틀어 509억이라는 천문학적인 돈을 끌어모아 일해재단을 설립한 다음, 그걸 발판으로 영원한 권력의 바벨탑을 쌓으려 했던 전두환 대통령이 대표적이다. 그리고 그의 일해재단을 모델로 삼아 K스포츠재단과 미르재단의 설립에 관여했던 박근혜 대통령이 거기에 또 하나의 사례를 보태게 됐고 말이다. 2016년 4.13총선에서 박 대통령이 무리하게 '진박' 후보들을 내리꽂는 바람에 김무성 당시 새누리당 대표가 직인을 가지고 부산으로 내려가 버리는 이른바 '옥쇄 파동'이 벌어졌던 것도, 결국은 퇴임 후 대구와 경북을 구심점으로 자신의 영향력을 유지하겠다는 박 대통령의 과욕에서 비롯된 것이었다.

임기를 마친 후에도 정치적 영향력을 잃지 않는 것, 때로 그것은 이미 사망한 대통령의 경우로까지 이어지기도 한다. 대통령 후보나 당선인은 첫 공식 행보로 국립 현충원을 찾아 순국선열들에게 헌화와 참배를 하는 게 일종의 관례다. 그런데 동작동 국립 서울현충원의 국가원수묘역에는 이승만과 박정희 묘역이 포함돼 있다. 진보 성향의 후보나 당선인의 경우, 그 두 사람 묘역의 참배 여부에 따라 보수 성향 시민들의 지지를 끌어올 수도, 혹은 진보 성향 시민들의 지지를 잃게 될 수도 있다. 『삼국지』에 등장하는 고사처럼 '죽은 제갈공명이 살아있는 사마중달을 달아나게死孔明走生仲達' 할 수도 있는 것이다.

우리와 더불어 대통령제를 채택하고 있는 대표적인 국가인 미국에서는 퇴임한 뒤 다시 대통령 선거에 나선 이들도 있었다. 지나친 욕심이 아닌가 싶기도 하지만, 재입성에 성공한 사례가 있으니 딱히 뭐라 평하기는 어렵다. 구체적으로, 22대 대통령이었던 그로버 클리블랜드Grover Cleveland는 자신을 이긴 상대와의 재대결에서 승리해 24대 대통령 직을 한 차례 더 지냈다. 일각에서는 얼마 전 퇴임한 버락 오바마 대통령이 차기 대선에서 트럼프와 맞서도록 해야 한다는 목소리가 들려오기도 한다. 또한 국회의원에 다시 도전해 당선된 대통령도 있었다. 6대 대통령인 존 퀸시 애덤스John Quincy Adams는 임기를 마친지 1년 만에 매사추세츠 주 연방 하원의원으로 당선되었는데, 그 뒤로도 17년간 노예제를 반대하고 멕시코와의 전쟁에 반대하는 등 활발한 정치 활동을 펼쳤다.

이런 일은 미국에서만 가능할까? 우리나라도 임기를 끝낸 대통령이 선출직 국회의원에 도전하는 데에는 아무런 제약이 없다. 다만 한때 최고 권력의 자리에까지 올랐던 사람이 다시 300명의 국회의원 중 하나가 된다는 건 서열과 위계질서 문화가 강한 우리나라 정서에 비춰볼 때 상상하기 어렵다. 물론 5년 뒤 다시 대통령 선거에 도전하는 것도 가능하다. 당선될 자신만 있다면 말이다.

아름다운 석양의 대통령을 기다리며

이와는 달리, 완전히 일상으로 돌아간 대통령들도 있다. 핀란

드의 타르야 카리나 할로넨Tarja Kaarina Halonen 대통령은 퇴임 후 평범한 시민의 한 사람으로 살아간다. 지금은 장바구니를 들고 혼자 장을 보며 동네 사람들과 수다를 떠는 영락없는 주부의 모습이지만, 한때 그는 그 나라 최초의 여성 대통령으로서 2000년부터 2012년까지 12년 동안 핀란드를 이끌었던 정치 거물이었다. 임기 중 국가 청렴도, 국가 경쟁력, 환경지수, 학업 성취도를 각각 세계 1위로 끌어올렸고, 그래서 퇴임 당시 지지율은 무려 80%에 육박했다.

또한 '세상에서 가장 가난한 대통령'으로 알려진 우루과이의 호세 무히카 대통령Jose Alberto Mujica Cordano은 어떤가. 그는 임기 중에도 월급 대부분을 기부했고, 퇴임 후에는 대통령궁 일부를 노숙인 쉼터로 개방한 뒤 자신은 작은 시골 농가에서 아내와 단둘이 농사를 지으며 살고 있다.

미국의 지미 카터 대통령Jimmy Carter은 현직에 있을 때는 별로 인기가 없다가 퇴임한 이후에 오히려 인기가 급상승한 경우에 해당한다. 퇴임하자마자 그는 카터재단을 세우고 세계 곳곳을 돌며 가난한 이들을 위해 집을 지어주는 한편, 정정이 불안한 나라들에서 국제적인 선거감시와 인권 옹호 운동을 이끄는 평화와 인권의 전도사로 활발한 활동을 펼쳤다. 그는 세계 곳곳에서 일어나는 각종 분쟁의 해결사 역할도 도맡았는데, 한반도에 전쟁 위기가 있었던 1994년에는 직접 판문점을 넘어 북한을 방문해 김일성을 만나기도 했다. 한 나라의 권력자에서 인류애와 세계 평화 같은 더 큰 가치와 목적을 실현하는 인물로 스스로의 위상을 끌어올린 것이다. 덕분에 그는 퇴임 21년째가 되던 2002년에는 노벨평화상을 수상하는 영예까지 안았다. 그래서 미국 국민들은 "지미 카터는 처음부터 전직 대통령이었으면 더 좋았을 뻔했다"는 농담을 주고받는다고 한다.

그에 비해 불행히도 우리나라의 역대 대통령들은 자리에서 물러난 뒤 아름답게 삶을 마무리해가는 모습보다는 그렇지 않은 경우가 더 많았다. 독재 끝에 오른 망명길에서 쓸쓸히 죽음을 맞이하거나 측근이 쏜 총탄에 숨진다든지, 부정 축재와 시민 학살의 주범으로 감옥에 간 경우도 있었고, 스스로 불행한 죽음을 택한 경우도 있었다. 아니면 임기 중의 실정으로 인해 퇴임 후에도 두고두고 사람들의 비판과 조롱에 시달려야 하는 경우도 있고 말이다.

바라건대, 우리에게도 다시 '아름다운 전직 대통령'이 생기게 될 그 날이 왔으면 좋겠다. 퇴임한 대통령이 인권과 민주주의를 위해 자신의 위치에서 할 수 있는 일들을 해 나가고, 역사의 흐름을 직시하면서도 세상에 대한 애정과 일상의 깊이를 잃지 않는다면, 우리도 드디어 '아름다운 대통령의 삶과 마무리'를 지켜보게 될 수 있지 않을까. 대통령이란, 원하든 원하지 않든 퇴임한 뒤에도 여전히 공적인 인물이다. 그의 말 한마디 행동 하나는 여전히 세상에 많은 이야기를 전달할 수 있다.

대통령의
리더십

01

이미지가 아닌 자질을 봐야 해
: 대통령의 리더십 I

얼마 전 김종인 전 의원에게서 작은 책을 한 권 선물 받았다. 제목은 『헬무트 슈미트, 구십 평생 내가 배운 것들』. 저자 헬무트 슈미트Helmut Schmidt는 냉전이 최고조에 달했던 1970년대 중반 독일 총리를 지냈다. 그는 동독과 서독의 교류를 확대해 통일의 기반을 다지고, 유럽의 통합을 이끌어내기 위해 애썼으며, 독일을 서유럽의 보편적인 복지국가로 만드는 데 크게 이바지한 인물이었다. 그리고 재임 기간 뿐 아니라 퇴임 이후에도 언론인으로 활발한 저술활동을 펼치며 독일 국민의 지지와 존경을 한 몸에 받았다.

이 책은 헬무트 슈미트가 삶의 마지막을 바라보며 남긴 회고록으로, 그가 사람과 책으로부터 깨달은 삶의 통찰이 고스란히 담겨 있다. 지혜와 원칙이란 나라와 시대를 초월하는 것이어서 노老 정치인의 한 마디 한마디는 내게 많은 공감을 불러일으켰다. 정치를 업으로 삼은 지 어언 30여 년이 되니, 젊어서는 볼 수 없던 것들이 많이 보인다.

특히 슈미트가 언급한 '좋은 정치인의 자질'은 평소 내가 중요하게 여긴 정치인의 기본적인 덕목들과 일치했다. 우선 그는 막스 베버가 말한 '좋은 정치인의 덕목'을 소개하는 것으로 글을 시작한다. 정치인이나 정치학자가 되고자 하는 이들의 필독서인 『직업으로서의 정치』에서 베버는, 좋은 정치인에게는 열정과 균형 감각, 책임감, 이 세 가지 자질이 반드시 필요하다고 말한 바 있다.

열정, 균형 감각, 책임감

열정이라고 하면 흔히 불타오르는 감정이나 흥분상태를 떠올리지만, 베버가 말하는 열정이란 어떤 목표에 집중하는 헌신이다. 어떤 과업에 열정적인 사람은 충동적이지도 산만하지도 않다. 난관에 부딪혀도 쉽게 포기하지 않고 넘어설 길을 찾으며 기다린다. 균형 감각이란, '내적 집중과 평정 속에서 현실을 관조할 수 있는 능력'이다. 중도中道라고도 표현할 수 있겠다.

흔히 중도라 하면 이도 저도 아닌 어중간한 상태를 떠올리지만, 중도의 진짜 의미는 '이것과 저것을 모두 포함하면서 중심을 지키는 상태'다. 따라서 얼핏 생각하면 한 가지 목표에 자신을 내던지는 열정과 극단에 치우치지 않는 균형 감각은 동시에 공존하기 어려운 자질로 여겨질 수도 있다. 베버는 이 상극의 자질을 동시에 지닐 수 있게 하는 힘이 바로 책임감이라고 설명한다. 이 임무가 나의 것이며 어떻게든 길을 찾아 해결하겠다는 책임감이 있으면, 열정과 균형 감각은 자연스럽게 공존할 수 있다.

운 좋게도 나는 젊었을 때 이런 정치인을 직접 경험할 수 있었다. 바로 김대중 대통령이다. 그는 목표한 바가 있고 그것이 국가와 민족을 위해 중요하다고 판단되면, 그것을 이룰 때까지 결코 포기하지 않았다. 남북정상회담이 그 단적인 예다. 김대중 대통령의 임기 중 최대 성과인 남북정상회담은 결코 단번에 성사된 게 아니다. 북한과 지치지 않고 소통하며 수도 없는 협상을 반복한 끝에 이뤄낸 결과였다. 우리나라의 평화를 위해서는 남북관계 개선이 가장 중요한 과제라고 생각했기 때문에 결코 포기하지 않았고, 성급하게 욕심을 내지도 않았다. 더 많은 국민이 북한과의 평화적인 공존관계를 지향하도록 여론을 만들어가면서 시도하고 또 시도했다.

막스 베버는 정치가의 이 세 가지 덕목 중에서 책임감을 가장 강조한다. 정치가란 무릇 자신의 결정과 행위가 불러올 결과를 직접 책임지는 사람이어야 한다는 것이다. 때로 "왜 내가 일의 결과까지 생각하고 책임져야 하는가?"라고 생각하는 사람도 있을 수 있겠다. 이런 사람을 베버는 '신념 윤리를 따라 행동하는 사람'이라고 했다. 그는 자유, 평등, 정의 등 자신의 신념에서 옳다고 생각하는 바를 따른다. 그리고 그 행동으로 인해 미처 생각하지 못한 결과가 발생했을 때는 그 책임을 외부에서 찾는다. 자신은 옳은 신념으로 행동했고 그런 결과를 의도하지 않았으므로, 자기 탓이 아니라 타인과 세상의 어리석음 때문이라고, 혹은 심지어 이 모두를 창조해낸 신神의 탓이라 여기는 것이다.

그러나 정치가는 그래서는 안 된다. 특히나 한 나라의 지도자가 되고자 하는 사람이라면, 자신의 동기뿐 아니라 결과까지 책임질 수 있어야 한다. 한 개인인 그의 결정이 국민이라는 거대한 타인 집단의 삶에 지대한 영향을 미치기 때문이다. 그러기 위해서 그는 자신의 말과 행동이 불러올 결과를 면밀히 예측할 수 있는 통찰력을 필요로 한다.

옛날 봉건시대의 임금은 오랫동안 비가 오지 않으면 "내 부덕의 소치다"라고 괴로워하며 기우제를 지내곤 했다. 한편으로는 가뭄이 어떻게 한낱 인간에 불과한 임금의 책임일까 싶지만, 군주로서 백성의 힘겨운 현실에 그만큼 정치적이고 도덕적인 책임을 지려는 태도인 것이다.

2014년 세월호 참사 당시, 재난 컨트롤타워로서의 대통령의 무능과 무책임에 대해 비난이 거세지자 박근혜 대통령은 "해경이 자기 소임에 충실하지 못한 탓"이라며 해경 해체를 선언했고, "기업과 단속자들 간의 부패 탓"이라며 관계자들의 엄중한 처벌을 약속했다. 거기에 대통령 스스로 책임지려는 태도는 눈을 씻고 봐도 찾을 수 없었다. 그가 세월호 수습 방안이라면서 무언가를 하나씩 꺼내놓을 때마다 대체 이 나라의 오늘을 책임지는 사람은 누구인가, 우리가 믿고 따라야 할 대통령은 과연 어디에 있는가, 가슴이 답답해져 오는 걸 견디기 어려웠다. 미처 생각하지 못한 결과가 발생했을 때 내가 아닌 타인에게서 책임을 찾고자 하는 사람, 심지어 자신을 믿고 따라왔던 사람들의 탓으로 돌리는 사람은 대통령으로서의 자격이 없다.

02

도덕성, 국민통합 능력, 국정운영 능력
: 대통령의 리더십 II

베버가 강조한 열정, 균형 감각, 책임감은 실제로 모든 정치인에게 필요한 기본적인 자질이다. 여기에 나는 대한민국의 대통령에게 필요한 현실적인 자질 세 가지를 더 보태고 싶다. 즉 도덕성, 국민통합 능력, 국정운영 능력이 그것이다.

돈, 사생활, 언행일치에서 도덕성을 검증하라

가장 먼저 도덕성부터 짚어 보자. 지도자가 되려는 사람은 무엇보다 기본적인 도덕성을 갖춰야 한다. 나는 정치인의 도덕성을 검증해볼 수 있는 영역으로 크게 돈, 사생활, 언행일치를 꼽는다. 써 놓고 보니 "참 구태의연한 소리"라는 독자들의 목소리가 들리는 듯하다. 하지만, 우리나라 역대 대통령 중에 이 세 가지 영역에서 완벽하게 합격점을 받은 사람이 몇 명이나 될까. 안타깝게도 도덕 교과서에나 나올 법한 이런 이야기를 끝없이 강조해야 하는 게 우리의 정치 현실이다. 대통령이 될 인물을 두고 여전히 캐묻고 따지고 검증해야 할 대목들인 것이다.

우선 대통령은 돈의 유혹에 넘어가 우스운 사람이 되어서는 안 된다. 이는 대통령뿐 아니라 모든 정치인에게 해당한다. 앞서 대통령 선거에 얼마나 많은 자금이 필요한지를 이야기했다. 그렇다고 당선만 되면 돈에 대한 고민이 끝나는 것도 아니다. 통치 기간 내내 대통령에게는 돈의 유혹이 끊이질 않는다. 30년간 정치인으로 살아온 내게도 크고 작은 유혹이 있었다. 부족한 선거자금 때문에 입술이 바짝바짝 마를 때 누군가 "부담 갖지 말고 쓰시라"며 돈 봉투를 가져온 적도 있었다. 명절에 좀 고급스러운 선물이라도 들어오면 '이 정도는 받아도 되지 않나'하는 마음도 품었던 게 사실이다.

그렇게 마음이 흔들리는 순간, 내게 판단의 기준이 되어 준 단 하나의 질문이 있었다. "이 돈을 받았을 때 내 아이들한테 떳떳하고 당당할 수 있을까?"라는 질문이 그것이었다. 그래서 내 아들 녀석 얼굴을 떠올려도 전혀 거리낄 게 없는, 예를 들어 공식 후원금 같은 돈은 감사히 받아 썼다. 반대로 아들한테 부끄러워 고개를 들 수 없을 돈이라면 깨끗이 거절해 돌려보냈다. 내가 평생 돈의 유혹에 빠지지 않도록 해준 좋은 기준이었다.

지난 과거를 되짚어보면 국민은 모든 대통령에게 동일한 기준의 도덕성을 요구한 것 같지는 않았다. 노무현 대통령과 이명박 대통령에 대한 기대치가 다르고, 김대중 대통령과 박근혜 대통령에 대한 기대치가 달랐다. 어느 대통령에게는 "정치하려면 그 정도는 다 하는 거지"라고 넘어가 주고, 또 어느 대통령에게는 아주 작은 실책으로도 "그럴 줄 몰랐다"며 맹비난을 하는 경우를 많이 봤다. 그래서 그런 대중들이 때로는 야속할 때도 있었지만, 어쨌든 기대치가 높다는 건 그만큼 평소에 그를 신뢰했다는 증거니까 결국 미세한 금도 생기지 않게 각별히 주의하는 것 말고는 다른 방법이 없다.

사생활도 돈과 마찬가지로 도덕성에 관해 기본적으로 검증해야 하는 영역이다. 물론 돈이 나라와 시대를 불문하고 절대적인 도덕성을 요구받는 영역이라면, 사생활은 상대적인 면이 있다. 프랑스같이 공직자의 공적 영역과 사적 영역의 구분이 명확해서 대통령의 사생활이 지지도에 별반 영향을 미치지 않는 나라도 있으니 말이다. 하지만 우리나라는 가족주의가 강하고, 공직자의 사생활과 스캔들에 들이대는 잣대도 매우 엄격한 편이다.

어쩌면 우리나라에서는 돈보다도 사생활에서 문제가 불거지는 게 더 치명적일지도 모르겠다. 따라서 대통령은 사생활에서도 흠 잡힐 구석이 없도록 늘 조심해야 한다. 정치인과 파리의 공통점은 항상 신문에 맞아 죽는다는 사실임을 잊어서는 안 된다.

언행일치란 곧 신뢰의 문제다. 막스 베버가 책임을 강조했다면, 나는 정치인에게 있어 목숨처럼 지켜야 할 가치는 곧 신뢰라 말하고 싶다. 신뢰는 하루아침에 생기지 않는다. 속성상 평생을 공들여 쌓아도 무너지는 건 한순간이다. 대통령이 거짓말을 했다 들통이 나거나 말 바꾸기를 계속하면 국민의 신뢰는 순식간에 사라진다. 또한 말은 삶으로 뒷받침되어야 한다. 대통령이 아무리 "나는 민주주의를 위해 평생을 바쳤다"고 해도, 선거를 조작하고 국민을 탄압하면 아무도 그의 말을 믿지 않는다. 그러니 결국 국민의 신뢰를 얻으려면 정치가는 단단한 자신의 철학 아래에서 일관성 있게 말해야 하고, 한 번 입 밖에 내뱉었다면 정책과 행동과 삶으로 구체화시키기 위해 최선을 다해야 한다.

우리는 근 몇 년간 '원칙과 신뢰의 정치'를 강조하는 대통령을 바라보며 살아왔다. 그런데 막상 신뢰의 정치를 하겠다는 대통령이 말 바꾸기는 기본이요, 대국민 연설에서 공식적으로 한 약속도 보란 듯이 뒤집었다. 그에게 신뢰란, 자신이 국민과의 관계에서 지켜야 할 가치가 아니었기 때문이다. 반대로 그것은 복종을 맹세한 충신들이 자신을 향해 지니고 입증해야 할 가치였다. 즉 그가 말하는 신뢰란 '의리'의 다른 말이었던 것이다. 대통령은 자신을 배신하지 않을 사람만을 곁에 두고, 자신의 믿음을 단 한 번이라도 저버린 사람은 끝까지 쫓아가서 처단하는 '의리의 정치'를 한 것이다.

그래서 내가 이 시점에서 꼭 들려주고 싶은 고사가 또 하나 있다. 중국 춘추시대 위나라의 재상인 자공이 어느 날 스승인 공자에게 물었다. "정치가 무엇입니까?" 그러자 공자는 이렇게 답했다. "무릇 정치란, 식량을 풍족히 하고, 군사력을 충분히 하고, 백성의 믿음을 얻는 것이다." 또다시 자공이 되물었다. "만약 그 세 가지 중에서 어쩔 수 없이 버려야 한다면 무엇을 포기해야 할까요?" "군대를 먼저 버려야 한다." "또 하나를 더 버려야 한다면, 무엇일까요?" 그에 대한 공자의 대답은 이랬다. "식량이다. 예부터 사람은 누구나 죽지만, 백성의 믿음 없이는 나라가 설 수 없다去食. 自古皆有死, 民無信不立." 논어의 안연편에 나오는 무신불립無信不立의 교훈이다.

정리하자면, 도덕성은 대통령이 기본적으로 갖춰야 할 덕목이다. 도덕성이 중요한 이유는 그것이 명분과 연관되기 때문이다. 도덕성에 흠집이 생긴 대통령은 국가가 나아갈 방향을 제시할 수도 없고, 제시한다 해도 국민을 설득할 수 없다. 김영삼 대통령이 임기 후반부에 지지율 6%의 '식물 대통령'이 될 수밖에 없었던 것도 아들의 비리 때문에 개혁의 명분을 잃어버렸기 때문이다. 명분을 잃으면 정치인은 아무것도 할 수 없다. 정치와 도덕을 분리할 수 없는 이유다.

국민통합을 위해 필요한 현실적 능력, 협상

다음으로 대통령에게 필요한 자질은 국민을 통합하는 능력이다. 대통령에게 왜 이런 능력이 필요할까. 인간의 욕구가 다양하듯이 국가의 목표 또한 단일하지 않기 때문이다. 경제 성장과 환경 보호, 효율적 통치와 민주적 의견수렴 절차, 실익을 얻는 외교와 존엄을 지키는 외교 등 국정의 모든 문제 하나하나에는 서로 상충하는 가치와 목표가 때로는 공존하고 때로는 대립한다. 대통령은 이 중 하나를 선택하거나 제3의 길을 찾으면서 끝없이 국민을 설득하고 통합해 나가야 한다. 나는 이런 통합과 조율을 위해 정치인이 존재하며, 그것이 대통령에게도 주요한 책무라고 생각한다.

혹시나 혼동할 독자들이 있을까 싶어 부연설명하자면, 여기서의 '국민통합'이 '하나의 국가' 혹은 '하나의 목표'를 의미하는 건 아니다. 계속 강조했듯이 민주주의는 개인과 집단이 각기 다른 목적을 추구한다는 전제 위에 서 있는 제도이기 때문에 갈등이 필연적일 수밖에 없다. '다툼이 없는 잠잠하고 평온한 세상'은 오히려 독재 국가의 이상에 가깝다. 다양한 목소리를 무시하고 내리눌러 하나로 만드는 건 진정한 통합이 아니다.

민주주의 국가의 통합이란, 균형을 유지하며 설득하고 소통하고 조율할 때에 비로소 이를 수 있는 느슨하고 넓은 경계다. 따라서 민주주의는 비효율적이다. 민주주의 국가의 대통령에게 통합 능력이 중요한 이유다. 그는 이 귀찮고 더딘 과정의 가치를 알고 기꺼이 감내해야 한다. 이 시끄러운 국가의 질서를 유지하는 길은 갈등을 조율하는 힘에서 나온다.

하지만 근래 우리나라를 이끈 대통령은 이것이 자신의 주요한 책무라고 인지하지 못한 것 같다. 지난 10여 년간 대한민국 사회의 갈등은 갈수록 증폭해왔다. 이념뿐 아니라 성별, 나이, 계급, 지역 등 여러 방면에서 대립과 반목이 극심해졌다. 나는 대통령의 통치 방식이 사회 갈등과 대립을 가속화시켰다고 본다. 대통령은 임기 내내 자신의 반대 세력을 탄압하고 자기 세력을 규합하는데 골몰했다. 이 과정에서 이념 갈등을 부추기고

분열은 세밀화시켰다. 정규직과 비정규직이, 일하는 엄마와 전업주부가, 흡연자와 비흡연자가 서로 싸웠다. 그야말로 '분할통치divide and rule'의 부활이었다. 자신의 권력을 유지하는 데에 집착한 대통령은 통합을 원하지 않았다. 갈등을 딛고 통합에 도달한 공동체가 자신에게 위협이 되길 원치 않기 때문이다. 국민이 서로 싸우는데 골몰하면 할수록 대통령의 권력은 안정적으로 보장받는 역설이 펼쳐지는 것이다.

지구상에서 정치인의 통합 능력에 특히나 주목했던 인물로는 독일의 헬무트 콜Helmut Josef Michael Kohl 총리를 꼽을 수 있다. 그는 베버가 강조한 정치인의 세 가지 덕목에 결정적인 게 빠져 있다고 지적한다. 바로 협상력과 평화 의지다. 콜 총리는 민주주의 국가의 지도자는 '타협에 대한 명확한 의지'가 필요하다고 강조한다. 사실 국민통합 능력이 구체적으로 발현되는 건 협상력에서다. 대통령은 임기 내내 많은 문제를 협상과 대화로 풀어나가야 한다. 내각과의 조율, 당·청 관계, 국회와의 협력, 국가와 국가 간의 외교, 모두가 그렇다. 대통령은 외골수가 되거나 한 극단으로 치우쳐서는 안 된다.

쑥스러운 얘기지만, 나는 주변에서 협상의 달인이라는 평을 종종 듣는다. 협상 테이블에 앉을 때, 내게는 몇 가지 원칙이 있다. 일단 "내가 져주겠다"는 마음을 품는다. 협상의 기본은 하나를 양보하는 데에 있다. 엉킨 실타래를 풀려면, 누군가는 먼저 하나를 내려놔야 한다. '하나 더'보다는 '하나 덜'이라는 마음으로 테이블에 앉아야 비로소 생산적인 협상이 가능하다.

그러나 한 조직을 이끄는 대표가 매번 협상 테이블에 나가서 양보만 하고 돌아올 수야 있을까. 그래서 외부와의 협상에 나서기 전에 먼저 자신이 속한 조직 내에서의 합의안을 만들어야 하는데, 사실은 거기가 협상의 시작이다. 내부 합의안을 만들 때부터 협상의 원칙을 잃지 않아야 한다.

이때 강조하는 게 역지사지易地思之의 마음으로 사안을 바라보는 것이다. 상대방의 눈으로 사안을 바라봐야 협상이 가능하다. 또한 상대가 원하는 최후의 선이 무엇인가를 간파할 수 있다. 이건 정말 중요하다. 상대방에게도 '이 이상은 절대 안 된다'는 선이 있는데, 거기까지 가는 게 목표다. 그런데 그 지점에 닿으려면 우리 쪽에서도 그만큼은 내려놔야 한다. 그러니 '우리도 그만큼 버린다'는 마음이 없으면 협상 타결은 불가능하다. 내가 전부를 내놓으라고 강요하는 것으로 여겨지면 상대는 결코 마음을 열지 않고 오히려 맞설 뿐이다. 따라서 먼저 힘을 빼고 낮은 자세로 임해야 한다.

이렇게 말하니 협상이란 게 참 쉬워 보인다. 역지사지의 마음으로 하나씩 주고받으면 되겠구나 싶다. 그럴 리 없다. 협상은 어렵다. 어려워도 아주 어렵다. 그래서 베버가 말한 정치가의 덕목이 필요하다. 일단 그 사안을 반드시 해결하겠다는 열정이 있어야 협상 테이블을 끈질기게 유지할 수 있다. 간혹 '해도 해도 너무한다'라는 생각이 드는 상대를 만나 테이블을 엎어버리고 싶은 순간이 오더라도 목표에 완전히 집중해 있으면 위기를 잘 넘길 수 있다. 또한 균형 감각이 있어야 팽팽한 긴장감 속에서도 중도의 길을 모색할 수 있다. 자신뿐 아니라 상대방이 극단에 치우칠 때 그것을 제대로 간파하고 "당신 지금 너무 나간 것 같다"고 하면 협상 상대도 내체로 받아들인다. 그리고 협상에 임할 때는 책임감이 필요하다. 나는 협상에 임할 때 언제나 "내가 이 결과에 책임을 지고 그만둘 수 있다"는 생각을 한다. 당 대표든 비대위원장이든, 청와대 수석이든 비서실장이든, 그건 대표권을 위임받고 협상에 나서는 이의 피할 수 없는 숙명이라고 받아들인다.

개인적으로 가장 어려웠던 협상을 들라면, 세월호 특별법 협상이 가장 첫 손에 꼽힌다. 당시 합의를 위해 여야 대표들끼리 만난 횟수만 해도 공식, 비공식을 합쳐 50회가 넘었는데, 그래도 늘 제자리였다. 여야가 합의를 못 해서가 아니라 기껏 합의안을 이끌어내도 청와대가 어깃장을 놨고, 세월호 유가족들도 흔쾌히 받아들이지 않았다. 그 바람에 정국은 한겨울 얼음장처럼 꽁꽁 얼어붙었고, 이대로 가다가는 국회가 완전히 식물국회로 전락할 판이었다.

그래서 일단 유가족들부터 다시 만나기로 했다. "어떻게 해서든 이 정도 선까지는 꼭 마련해놓을 테니, 대신 이러이러한 부분은 양해해주십시오"라는 메시지를 가지고 유족들을 찾아간 건 문재인 당시 의원이었다. 그는 세월호 유가족들과 같이 단식도 했던 터라 그들로부터 두터운 신뢰를 받고 있었다. 반면 여당 쪽은 새정치민주연합 비상대책위원장인 내가 직접 맡았다. 나는 김무성 대표를 만나 특별법 통과의 절박성과 시급함을 진정성 있게 호소했고, 대신 그 무렵에 정부가 간절히 도입을 원하던 김영란법과 공공부문 성과연봉제, 서비스산업발전기본법에서의 협조를 약속했다. 그래서 김 대표가 이 안을 들고 청와대에 찾아가 대통령을 설득함으로써 세월호 특별법은 비로소 통과가 가능했던 것이다.

사실 내가 비대위원장을 맡기 전, 박영선 대표 직무 대행이 여당과의 협상을 잘 이끈 덕분에 합의안의 기본적인 내용은 그때 이미 죄다 만들어진 상태였다. 그런데 똑같은 내용이라고 해도 그걸 유가족들에게 사전에 알리고 설득하는 과정에서 그만 스텝이 꼬여버리고 말았다. 나는 세월호 특별법의 핵심은 유가족들의 마음을 얼마나 품어 안을 수 있느냐의 여부라고 여겼다. 그 아픈 심정을 과연 무엇으로 달랠 수 있을 것이며, 그 깊디깊은 슬픔과 분노를 과연 어떤 논리로 덮어버릴 수 있단 말인가. 결국 정치인인 내가 할 수 있는 건 무슨 일이 있어도 특별법을 통과시키기 위해 최선을 다하고, 그런 다음 그들과 함께 울어주는 것 외엔 아무런 방법이 없었다.

또한 합의안을 확정한 후 그것을 발표하는 과정도 중요하다. 결국 협상의 완성은 합의를 해낸 후 언론의 보도를 통해 여론의 동의를 이끌어내는 과정까지를 포함하기 때문이다. 여기서 작은 조언을 하나 하자면, 협상을 이끈 당사자는 그 자리에서 굳이 "이건 나의 노력으로 만들어진 작품"이라고 나설 필요가 없다. 이건 머릿속에 항상 선거를 염두에 둘 수밖에 없는 정치인들이 흔히 하는 실수다. 무조건 내가 사진의 정 중앙에 서고, 자신의 성과가 언론에 강조돼야 비로소 뿌듯함을 느끼는 것이다.

그러나 그럴 필요가 없다. 굳이 "나요, 나"라고 나서지 않아도 국민들은 누가 애쓰고 누가 애쓰지 않았는지를 다 안다. 자신은 한두 발짝 뒤로 물러서고 다른 이를 추켜세워 주는 게 훨씬 폼도 나고, 나중에 더 큰 박수를 받을 수 있다. 작은 것을 탐하다가 큰 것을 잃는 소탐대실小貪大失은 지도자가 되고자 하는 이라면 항상 경계해야 할 태도다.

논어의 자로 편에서 공자는 "군자는 다른 사람과 생각이 똑같지는 않지만 화합할 수 있으며, 소인은 겉으로 같은 생각을 하는 듯 보이지만 실은 화합하지 못한다君子和而不同 小人同而不和"라는 말을 남긴 바 있다. 화이부동和而不同. 다름을 인정하고 다른 것들끼리의 조화를 도모하면 그 누구와도 대화와 공존의 해답을 찾을 수 있다고 나는 굳게 믿는다.

국정운영 능력-서생적 문제의식과 상인적 현실감각

끝으로 대통령에게 필요한 자질은 국정을 운영하는 능력이다. 아무리 도덕성이 철저하게 검증되고 국민을 통합하는 능력이 있다 해도, 국정을 제대로 운영할 능력을 갖추지 못하면 그 지도자는 국가를 나락으로 이끌고 갈 수밖에 없다.

물론 우리는 아직 대통령을 경험해보지 않은 후보들을 놓고 대통령을 골라야 하기 때문에 이 능력을 사전에 예측하기란 쉽지 않다. 그래서 선거 때에는 국정운영 능력보다는 권력의지와 도덕성, 호감 가는 이미지와 인간미 같은 것들이 더 부각되곤 한다. 일단 권력을 잡아야 이상도, 능력도 펼칠 기회가 생기니 그런 것들도 분명 대통령이 되고자 하는 자들에게 빼놓을 수 없는 요소들인 건 사실이다.

하지만 대통령 후보가 진짜 능력을 발휘해야 하는 건 대통령이 된 다음부터가 아니겠는가. 그래서 우리는 대통령 후보를 놓고 과거에 어떤 일을 어떻게 했는지, 어떠한 철학과 어느 수준의 지적 능력을 갖추고 있는지를 토대로 그의 국정운영 능력을 사전에 가늠해봐야 한다.

가장 기본적으로 그는 정치, 경제, 사회, 문화, 역사 등을 아우르는 전반적인 지식을 갖추고 있어야 한다. 또한 행정부의 수반으로서 행정 감각과 경험도 중요하다. 그래서 시장이나 도지사를 거치며 괜찮은 평가를 받았던 이들은 어느 정도 그 능력을 검증받은 셈이다. 일단 기본점수를 따고 들어가는 것이다.

허나 대통령의 국정운영 능력이라는 게 반드시 행정 관료로서의 능력만을 이야기하는 게 아니다. 그와 동시에 정치력도 아주 중요한데, 정치판은 백로들이 노는 곳이 아니라 그야말로 정글 같은 곳이다. 정치는 현실이고 살아 움직이는 생물과도 같은 것이어서, 이상만으로는 아무것도 할 수 없다. 따라서 대통령은 역사와 국민을 바라보는 눈을 갖춘 동시에, 권력의 생리와 전략에도 능해야 한다. 이상과 현실의 두 날개를 늘 동시에 펼치고 있어야 하는 것이다. 그리고 나는 그 두 날개를 각각 서생적인 문제의식과 상인적인 현실감각이라 하겠다.

글을 읽는 선비는 사람들의 삶을 관조하며 무엇이 올바른 길인지를 늘 고민하고 찾아 헤매는 사람이다. 반면 장사꾼은 이윤을 맨 먼저 생각한다. 얼마에 팔 수 있을지, 어느 정도 가치가 있을지, 어떻게 더 많은 손님을 끌어올지를 고민한다. 그 두 유형의 차이를 설명하기 위해 김대중 대통령은 이승만 대통령과 김구 선생 두 사람을 곧잘 예로 들곤 했다. 김구 선생은 서생적 문제의식은 뛰어났으나, 상인적 현실감각이 없어서 결국 이승만에게 밀려나 암살당했다. 반면 이승만 대통령에게는 오직 상인적 현실감각만이 존재했을 뿐이었다. 생래적으로 권력의 습성을 온몸으로 터득하고 있었지만, 역사의식 따위는 없었다. 두 사람 중 정치인으로서 누가 더 옳고 적합한가를 이야기하고자 하는 건 아니다. 서생적 문제의식과 상인적 현실감각. 제대로 된 정치인이고 지도자라면 이 둘은 언제나 함께 펼쳐져 있어야 하는 두 날개라는 사실을 꼭 강조하고픈 것이다.

에필로그

당신이 주인이다

지금까지 나는 대한민국의 대통령이 어떻게 탄생하고, 어떻게 5년을 보내는지를 이야기했다. 청와대는 어떻게 굴러가는지, 복잡한 정치 공학 속에서 대통령이 어떤 선택을 하는지, 어떻게 임기를 마무리하는지에 관한 경험도 부족하나마 꺼내 보았다. 마지막으로 대통령에게 필요한 자질을 설명할 때에는 한 글자 한 글자에 어떤 간절함을 함께 담으려 애썼다. 앞으로 우리에게도 사랑과 지지를 듬뿍 받는 좋은 대통령이 나오기를, 그래서 민주주의가 더 깊이 뿌리내리고 한 사람 한 사람의 삶이 조금 더 행복해지기를 바라는 마음에서다.

다시 강조하지만, 대통령은 모든 가치의 총화이자 국정의 최종 결정권자이고, 최후 책임자다. 결코 누구에게도 그 책임을 떠넘길 수 있는 자리가 아니다. 따라서 한가로이 남을 탓하고 있을 수 없는 외롭고도 외로운 자리다.

그러기에 더더욱 그는 균형 감각과 열정, 그리고 책임감으로

무장돼 있어야 한다. 도덕성과 국민통합 능력, 국정운영 능력을 겸비해야 하며, 김대중 대통령이 이야기한 서생적 문제의식과 상인적인 현실감각도 놓쳐서는 안 된다.

그러나 그 모든 걸 갖춘 인물이라고 반드시 대통령의 자리에 앉을 수 있는 건 아니다. 내가 역사 속에서 관찰한 바로는, 아래의 두 조건을 만족하지 않는 사람은 결코 대통령이 되지 못했다.

그 첫 번째는 권력의지다. 대통령이 되고자 하는 이에게 권력의지는 충분조건이다. 당내 경선이라는 철조망을 통과해 대통령 후보가 된 뒤 결국 당선에까지 이른 인물들은 대통령이 되고자 하는 스스로의 의지가 충만해 모든 역경을 뛰어넘은 인물들이었다. 그리고 그들은 그런 의지를 토대로 적과 동지를 구분하는 데 능했고, 때로는 이른바 '선빵'을 날릴 줄도 알았다. 싸움의 승패를 결정짓는 건 덩치가 아니라 결국 누가 더 기가 센지의 여부에 달려 있다. 기가 약하고 겁이 많으면 아무리 힘이 세도 절대 '선빵'을 날리지 못한다. 이런 게 용기고, 권력의지다.

다음으로 두 번째는 시대정신이다. 용장勇將이 불여지장不如智將이요, 지장이 불여덕장不如德將이며, 덕장이 불여복장不如福將이라 했다. 용기 있는 장수는 지혜로운 장수를 못 이기고, 지혜로운 장수는 덕망 있는 장수를 이길 수 없으며, 덕망 있는 장수는 운 좋은 장수를 뛰어넘을 수 없다. 그리고 여기서 내가 말한 운이란, 단순한 요행이 아니라 시대정신에 딱 들어맞는 운을 타고나야 한다는 걸 의미한다.

역사적으로도 김영삼 대통령은 군정 종식이라는 당대의 정신에 부합했기에 대통령이 될 수 있었고, 김대중 대통령은 평화적 정권교체라는 도도한 물결이 있었기에 대통령 자리에 오를 수 있었다. 노무현 대통령은 3김 정치의 청산이라는 히말라야 산맥처럼 높은 시대정신이 있었기에 에베레스트 산처럼 가장 높이 우뚝 설 수 있었고, 이명박 대통령에게는 새로운 경제 패러다임의 구축이라는 시대적 요구가 있었다. 마지막으로 박근혜 대통령은 경제 민주화의 열망 속에 시대의 부름을 받은 경우에 해당하는데, 그러나 불행히도 그는 취임 직후부터 그 열망을 저버렸다. 따라서 경제 민주화라는 시대정신은 미완의 과제로서 여전히 유효한 의미를 지니고 있다.

그렇다면 2017년을 관통하는 오늘의 시대정신은 무엇일까? 그 해답은 광장에 모인 천만 촛불 민심 안에 있다. 추운 겨울, 시간의 힘 앞에 물러서지 않고 매서운 바람에도 사그라지지 않던 그 작은 불꽃 하나하나에 담긴 열망은 빈부 격차의 해소, 정의와 평등의 실현, 오랜 적폐의 청산으로 모아졌다. 그리고 그러한 시대적 요구들을 실천으로 옮기는 원동력은 정권 교체에서 찾아야 한다. 이런 히말라야 산맥같이 높디높은 시대정신에 발 딛고 그중에서도 에베레스트 산처럼 가장 우뚝 선 사람, 그가 대통령이 될 수 있다.

하지만 독자 여러분 모두가 명심해야 할 사항이 있다. 좋은 열매는 좋은 땅에서 나온다. 성서의 비유에서 말하듯, 아무리 좋은 씨앗이라도 가시덤불과 돌밭에 떨어지면 열매를 맺기도 전에 시들어 죽을 수밖에 없다. 물론 아무리 기름진 옥토라도 부실한 씨앗은 풍성한 열매를 맺을 수 없기도 하다. 그래서 비옥한 땅과 튼튼한 씨앗은 열매를 맺기 위한 필수조건이다.

만약 우리 사회가 양분을 충분히 머금은 좋은 땅이 아니었다면, 농부의 마음으로 다시 땅을 일구고 거름을 주자. 그리고 좋은 씨앗을 골라내자. 씨앗을 탓하고 비난하는 건 참 쉬운 일이다. 하지만 직접 팔을 걷어붙이고 흙을 밟으며 밭을 가는 건 고단하고 힘들며, 오랜 시간이 필요하다. 그렇다고 나무 그늘에 가만히 앉아서는 민주주의라는 빛나는 열매를 볼 수 없다. 민주주의는 참으로 많은 정성과 노력을 들이며 간절히 기다릴 때 비로소 맺히는 열매이지, 저절로 자라나는 들풀이 아니기 때문이다.

다행히 나는 최근 우리의 땅이 참 많이 비옥해졌다고 느낀다. 깨어난 시민들은 이제 직접 거리로 나선다. 제구실을 못한다 싶은 지역구 국회의원들에게 항의 전화를 서슴지 않으며, 자신이 지지하는 정치인들에게는 후원금과 격려의 글을 보낸다. 뉴스가 떠들어대는 이야기를 무조건 받아들이기보다는 스스로 묻고 생각한다. 여기저기에서 스스로 깨어나는 시민 의식을 보면서 나는 어쩌면 지난 절망의 시간은 우리가 깨어나는 데 필요한 훈련의 시간이 아닐까 싶기도 하다.

일대일 구도의 지난 18대 대통령 선거를 두고 많은 정치학자들은 우리나라가 소위 진보와 보수의 양극화로 치닫고 있다고 평가한 바 있다. 굳이 진보와 보수를 논하지 않더라도, 우리 사회가 갈수록 타협할 줄 모르는 정치 양극화의 길을 걸어 왔음은 완전히 부정할 길이 없다. 오죽하면 사회생활 잘하려면 정치와 종교 이야기는 꺼내지 말라는 말이 있을까. 어느 정당을 지지하냐고 슬쩍 물어서 '저쪽' 정당이면 바로 상종 못할 인간, 적군이 되어 버린다. 지난 대선에 누굴 뽑았냐고 물어서 '저쪽'이면 바로 경멸과 무시를 보낸다. 멀쩡하던 인간관계가 멀어지는 경우도 있다. 그러나 사람이든 진영이든, 경멸과 무시를 받으면 더 위축되고 자기방어와 자기 옹호가 강해진다.

나는 반으로 갈라진 우리 사회가 더 조화로이 섞이고 다양해질 수 있는 길을 찾고 싶다. 그러기 위해 가장 먼저 상대와 나를 가로막고 있는 높은 담벼락부터 찾아 무너뜨리고 싶다. 물론 거기에는 이념으로 편을 가르고 증오를 부추기면서 소통을 차단했던 권력자들과 우리 정치인들의 책임도 적지는 않을 것이다. 분명히 만날 수 있는 접점이 있는데도, 그것을 발견할 시도조차 하지 않았던 건 아닐까 반성해본다.

그러면서 동시에 나는 여러분들이 가족, 친구, 주변 동료와 함께 정치와 세상에 관해 더 많이 대화를 나누며 서로의 생각을 나누길 바란다. 혹 다르더라도 쉽게 단정 짓지 말고, 천천히 돌아가더라도 너무 답답해하지 말고 말이다. 지도자의 불통을 비판하고 보다 열린 세상을 원한다면, 나 스스로도 그런 사람이 되려고 노력해야 하지 않겠는가.

성숙한 제도와 시민 의식이 밑받침되면, 그로부터 선출되는 대리 권력도 지금보다는 훨씬 나은 모습일 것이다. 사람을 알아보는 주인의 눈이란 얼마나 중요한가. 주인인 우리가 사람을 보는 눈을 제대로 갖추지 못했을 때, 나라가 얼마나 망가질 수 있는지를 우리는 똑똑히 지켜보았다. 다시 한번, 깨어있는 주인의 눈으로 좋은 일꾼을 뽑을 수 있기를 바란다. 당신이 주인이다.